嫌なことから全部抜け出せる

凡人くんの人生革命

ヒトデ

KADOKAWA

学歴も才能も人脈もなくても
嫌なことから全部抜け出せる

僕はいわゆる凡人だ
会社行きたくない…
もうこんな時間
仕事ができるわけでも、
勉強ができるわけでもない
副業が世間では
一般的になりつつ……
副業で年収1000万円!?
生活はよくしたい
けど……
朝か…
起きなきゃ
仕事だけで
精一杯だしな……
心配ないよ!
普通の人でも生活を
豊かにできます
うわあ!

まずは
4つのステップから
始めてみようか
マインドマップも
いいね あと…
へ～
暗記のいらない
勉強法かあ
自己分析も
してみて
時は流れ……
嫌いな仕事を
せずによくなった
さよなら
無意味な
会議
さよなら
ポンコツ
上司
辞表
好きな時間に
好きなことが
できるようになった
平日の旅行は
フリーの
特権♡
空いてるし
お安いしー
きもちー
そして何より
お金が増えた
収入は
青天井
わー
こんなに
稼いだのー
革命
大成功
キラーン
やり甲斐は増すばかり

はじめに

大革命はいらない。小さな革命でいい。

「世の中の成功者、元から凄い人ばっかりじゃね？」

昔からずっと思っていたことです。どこかでインタビューを受ければ「いやいや、私は全然凡人でして」なんて謙遜しているけれど実際は……。

- **良い大学出身**
- **超大手企業出身**
- **部活で全国大会出場**
- **周りに超お金持ち、もしくはすでに起業した仲間がいる**
- **一般的なことはできないけど○○だけは大得意**
- **○○だけは寝る間も惜しんで続けられる**

いやいやいや、全然凡人じゃないよあなた！　成功するべくしてしてるじゃん！

いろいろな成功者の本を読んだり、話を聞いてはみたものの「結局どれか持ってるんだなぁ」といつも思っていました。

はぁ、どこかにセンスも、学歴も、職歴も、人脈も、得意なことや夢中になれることを何も持ってない凡人が成功する方法はないものか……。凡人の頭で滅茶苦茶考えてみたのですが……

結論、ありませんでした。

「圧倒的な偉業」「年収10億円」「不労所得だけで悠々自適」。そんな暮らしは凡人にはかなり難しい。というか、どう足掻いてもほぼ無理です。唯一突破口があるとすれば、とんでもない幸運を掴むことくらいでしょう。

しかし逆に、今より収入源を増やしたり、今より自分の生活を少し豊かにしていくことは、凡人でも可能であることがわかりました。

この本は、はじめに挙げた項目に1つも該当しない凡人の僕が「凡人であるあなた」の人生を少しでも豊かにするために書きました。申し訳ないのですが「人類史に残る偉業が欲しい」「30億円くらい稼ぎたい」「起業してその会社を上場させたい」「南の島に別荘を買ってそこで暮らしたい」というような野望を持っている方には、きっとこの本は退屈です。もう閉じてしまっても構いません。

（すでに買った後だったらごめん……。返品は、その……無理……）

そんな大きな志ではなくて

- **生活を今より少しでも豊かにしたい**
- **副業で月5万円でも稼げるようになりたい**
- **煩わしい人間関係から解放されたい**
- **嫌いな仕事を続けたくない**
- **仲間や味方をつくりたい**

と、あなたが思っているなら、本書は間違いなくお役に立てます。

本書には、凡人目線での生活を豊かにするために必要なマインド・具体的なノウハウ、副業やフリーランスで稼ぐための知識、資産を作るためのアウトプット術などを記しています。気軽に読んで、気軽に取り組んでください。

仕事も勉強もスポーツもできなかった

申し遅れました。ヒトデといいます。愛知県に住む29歳で、嫌いな言葉は「サービス残業」です。僕は副業で始めたブログがきっかけで、嫌で仕方なかった会社を退職。現在は法人化もして、それなりに自由な暮らしをしています。

今でこそ事業で上手くいっている関係で「全然凡人じゃない！」「っていうか天才だ！」などと言って頂けるようになりましたが、これまでの僕の人生は、特別目立った部分のない、至って平凡なものでした。平凡というか、正直「劣等生」と言っても違和感がないくらいです。具体的には

- **頭が悪く、いわゆる「Fラン大学」出身**
（調べたら偏差値は42、英語の授業は「be動詞」から始まります）
- **スポーツや芸術で成果を出したこと一度もなし**
（テニス部時代の大会での勝率、まさかの0%です）
- **周りに起業した友人や、大金持ちの知り合いなし（人脈0）**
- **就職してからも典型的な「仕事ができない奴」で、毎日のように怒られる**
- **凡ミスや忘れ物が非常に多く、学生時代はもちろん社会人になっても何度も怒られる**
- **そして怒られてる最中に違うことを考えだしてまた怒られる**

こんな感じです。ここまで揃うと、「しかし、普段の集中力がない代わりに、好きなことに対してものすごく没入できるんだ！」みたいな、いい感じの能力を期待したくなりますが、もちろん、そんな能力は持ち合わせていません。これで「凡人」などと言ったら、凡人に失礼なのでは……と思うほどのダメっぷりです。もちろん、全てを「才能」

で片付けるつもりはありません。特に学歴は、勉強という努力をいかにしてきたかの集積です。

しかし、僕自身努力をしていなかったわけではありません。受験勉強を放り出して遊んでばかりいた結果、Ｆラン大学に入ってしまった。とかならまだ納得できますが、僕は普通にしっかり受験勉強していたのに、第１志望〜第４志望まで全部落ちて、滑り止めの大学すら落ちて、そのＦラン大学に入学しましたからね。どないやねん。

しかし、そんな風に凡人である自分にも良いところがありました。それは「凡人」のまま上手くいったからこそ、僕と同じ「凡人」である皆さんにたくさんのことが伝えられることです。**本書は限りなく「凡人」の自分が、おそらく自分と同じく「凡人」であるあなたの人生を少しでも豊かにするために書きました。**

世の中を変えるような大革命はいりません。そんなものは、天才たちに任せましょう。凡人である僕たちは、自分と、自分の周りだけの小さな革命でいいんです。確実に一歩ずつ、今よりも幸せになりましょう。

この本が、あなたの人生に小さな革命を起こす一助となれば幸いです。

人生を変えたのは、趣味で始めたブログとTwitter

はじめに、僕の起こした小さな革命の話をします。僕にとってのそれは、なんとなく趣味で始めた「ブログ」と、一緒に開設した「Twitter」でした。文章を書くことが好きだった自分は、半ば現実逃避としてブログと、そのブログ用のTwitterを始めました。ちなみに「なるほど、つまりあなたは文章を書く才能があったんだな！」と思うかもしれませんが、そんなことはありません（欲しかったです、その才能）。確かに僕は高校生の時に文芸同好会に入っていて、普通の人よりも文章を書くことは好きでした。しかし、どのコンクールに出しても自分の作品が入賞はおろか、佳作に引っかかったことすら一度もありません。

少なくとも客観的に見た時、僕の文章に光るものがなかったことは明白です。「将来は小説家になりたい！」と夢を持っていたこともありましたが、現実を見て「こんな文章でプロになれるわけない」と諦めてしまいました。

趣味で始めたブログは、本当にただの日記から始まっています。仕事の愚痴だったり、家の犬がカワイイみたいな話をしたり、くだらないネタ記事を書いてみたり、生産性とはかけ離れた内容ばかり。

はじめはほんの数人の身内が見るだけのブログでしたが、会社でのつらい時間を埋め合わせるように、毎日更新を続けていました。

ブログを始めてからしばらく経ったある日、Twitterで知り合ったブロガーからアドセンスというGoogleの広告を教えてもらいます。そこから、僕の人生は一変しました。趣味でしかなかったブログが収益源になり、Twitterがブースターとなったのです。

細かい説明はここでは省きますが、ブログが読まれると、それがお金になりました。もちろん最初は小遣いにもならないような微々たる収益でした。毎日何時間も書いてるのに、1日にもらえる金額は数十円とかです。それでも、会社の仕事やバイトではなく、「やりたくてやってること」がお金になった体験は、強烈なインパクトがありました。

もっとブログを書きたくなって、時間を作り、生活を整えました（詳しい方法に関しては本文で説明します）。そして、「もっと読まれるにはどうすればいいんだろう？」「こんな記事が受けるんじゃないか!?」と試行錯誤していくうちに、ブログ収益は1万円、5万円と増えていき、その後は加速度的に収益が増加。

運が良かったこともあり、1年後には毎月20万円、2年後には毎月100万円以上の収益をあげるようになっていました（それから今まで、一度もブログ収益が100万円を切ったことはありません）。

その後、僕は嫌で仕方がなかった会社を晴れて退社。フリーランスとしてブログを運営するようになりました。今ではブログで得た知識をベースに法人化し、ブログ運営、YouTubeチャンネル運営、ライター業、コンサル業、コワーキングスペース経営など、多角的に事業を展開しています。

この本で僕が伝えたいのは「ブログをやれば人生が変わる！　だからブログをやろう！　そうすれば全員自由な生活でお金もガッポガッポ！」ということではありません。残念ながら、「真似をすれば全員大成功！　大金持ち！」という本でもありません。正直、運の要素もかなりあったでしょう。

もちろん僕と同じようにブログがピッタリハマる人もいるかもしれませんが、そうでなくても心配はいりません。ブログはあくまで1つの手段に過ぎないからです。

この本で知ってほしいのは、凡人である僕が小さな革命を起こして生活を豊かにするうえで「何を考えてきたのか」「何を大事にしてきたのか」という部分です。全てを受け入れる必要も、全てを真似する必要もありません。しかし、少しでも「この考えいいな」と思う部分があれば、そのエッセンスをぜひ今の生活に取り入れてみてください。

それがきっと、あなたの「小さな革命」に役立ってくれるはずです。

Contents

第2章 凡人くんの副業革命

第3章 退職から成功までのロードマップ

装丁イラストおよび本文漫画（P2-3）：福田 玲子
本文イラスト：しましまいぬ
装丁デザイン：小口翔平＋奈良岡菜摘（tobufune）
本文デザイン：Isshiki（青木奈美）
DTP：アーティザンカンパニー
校閲：鷗来堂
編集協力：稲田和絵
編集：宮原大樹

第1章

凡人くんの生活革命

1 お金を生みだす時間生成術

会社員時代も現在も、僕は電話をかけるのが苦手です。どのくらい苦手かというと、初めての場所に電話をかける時は必ずメモ帳に喋ることの台本を作って、推敲して、その台本が絶対見える状態にしてそれから電話をかけるほどです。こんなことしなくても電話ができる人がほとんどであることを最近知って、驚きました。

そんな凡人以下の僕でも、「自由な働き方」をしたうえで、会社員時代の何倍、何十倍もの収入を手に入れることができています。本章では、まず人生に革命を起こすための土台となる生活について記述しています。

副業にせよブログにせよ、凡人である僕たちに圧倒的に必要なものが「時間」です。時間が無いのに成功できるのは、一部の天才だけでしょう。これは裏を返すと、凡人が成功するためには絶対に時間が必要ということです。僕がこの本でまず「生活」について話すのはこのためで、新しいことを始める時、まず初めに手に入れるべきは、素晴らしいノウハウでも、教材でもなく、「時間」だからです。そのためには、なにより「生活」を見直す必要があります。

僕は普段から質問や相談を受けていますが、その中でも特に多い相談が「忙しくて副業を進める時間がありません」というものです。とりわけ、会社勤めをしながら副業にチャレンジしようとしている方、小さなお子さんがいる主婦の方などから、このような相談が届きます。

確かに、ただでさえ忙しいのに、どうやって副業に手を付ければいいのか……という話です。この「時間がない」という件に関して、僕の回答はいつも同じです。

まずは、今やっていることを「何か一つ」やめてみたら？
そして、その「やめて空いた時間」に副業しよう！

何かを始めるには、何かをやめる必要がある

現代社会は、毎日忙しい人がほとんどです。仕事や学校、家事や育児、趣味や習い

事、ドラマの続きは気になるし、ゲームもしたければ漫画も読みたい。このような中、副業や自己投資をする時間など取れるはずがありません。

1日は24時間。忙しい毎日の中でいきなり副業をやろうと思っても「時間がない」のは当たり前の話です。時間を作りたいなら、今までしていた何かをやめる必要があります。例えば、

- **通勤時間に目的もなくスマホをいじるのをやめる**
- **お昼休みに机に突っ伏して寝るのをやめる**
- **テレビを見たり、ゲームをするのをやめる**
- **飲み会に参加するのをやめる**
- **やたらSNSにアクセスするのをやめる**

など、忙しいと思っていても「これはやめてもいいな」「この時間は減らしてもいいか」と思えるような時間が何かしらあるはずです。そうやって空いた時間を、未来の自分のために使いましょう。

ただし、睡眠時間を削るのはおすすめしません。体調を崩したのでは、副業どころではありませんから。

悪習慣を断ち切るための1ステップ創出

副業の時間を捻出《ねんしゅつ》するため、「よし、これからはテレビを見るのをやめよう！」と決意した人もいるでしょう。しかし残念ながら、その決意にはほとんど意味がありません。というのも、大抵の人が自分に甘いからです（僕もです……）。

決意した瞬間は強い意志をもっていたのに、翌日会社から疲れて帰ってくると、「今日もよく頑張ったなぁ」と缶ビールを開け、テレビをつけてしまいます。このとき、「あ、副業……」と前日の決意が頭をよぎったとしても、「まぁ、今日は疲れてるし、明日やればいいや」となり、結局、「明日」「明日」……と、そのまま手つかずになってしまうのです。

大切なのは、決意ではありません。行動です。テレビを見るのをやめたいなら、やめるための具体的な行動を取る必要があります。何かをやめるとき、多くの人は意志の力で何とかしようとします。しかし、これがそもそもの間違いです。人間誰しも自分には甘いもの。意志の力でこれまでの習慣を変えることは難しいのです。必要なのは、意志ではなく「行動」。やめようとするのではなく、**やめることをサポートするような行動を取りましょう。**

例えば、テレビを見るのをやめたいなら、見ないようにするのではなく、コンセントを抜いておきましょう。すると、テレビを見ようと思ったとき、「コンセントを差す」というひと手間が必要になります。このひと手間が「やっぱやめよう」と思いとどまる防波堤としての役目を果たします。

ゲームをやめようと思ったら、ゲームを箱に入れて押入れにしまう。Twitterを見過ぎてしまうなら、毎回ログアウトしてアプリはホーム画面から削除する。YouTubeを見過ぎてしまうなら、使用時間を制限するアプリをインストールする。

このように、具体的にやめるためのサポートをしておくことで、「やめる」の成功率が格段に上がります。

そうではなく、決意なんて、何の意味もありません。**悪習慣を遠ざけるための1ステップを設けることが大切です。**

そして、この空いた時間を副業に使いましょう。大変なのは最初のうちだけです。習慣が身につけば、副業にはげむことが「当たり前」になり、そこに苦痛は生じません。

コントロール可能な目標を立てる

物事を成し遂げるためには、目標設定が大切です。ゴールのない努力ほど、苦しいものはありません。ゴール、つまり目標があるからこそ、人は頑張ることができます。中には目標なんてなくても「いつの間にか上手くいってた！」という人もいますが、凡人には難しい話です。なので、成功するためにもぜひ目標設定をしてください。

その際、気をつけてほしいことがあります。それは、**目標を「自分でコントロール可能な数字に設定する」こと**です。

例えばブログの場合、ＰＶ（page view：ページの閲覧数）やブログ収益を目標に設定する人が多くいますが、これはおすすめしません。そうではなく「作業時間」や「執筆記事数」などを目標に設定するようにしましょう。

「1ヶ月で1万ＰＶ！」といった目標は、自分がどれだけ努力しても、達成できないときはできません。ＰＶというのは、自分でどうこうできるものではないからです。

しかし、時間や記事数であれば、努力次第で達成可能です。

2 4つのステップで革命を起こす準備をする

ブログに限らず、新しく何かを始める場合、例えば「1日1時間○○をやる」というように、時間を目標に定めることをおすすめします。慣れてきたら執筆記事数などの作業量を目標にしてもよいですが、なかなか集中できないとか、難しくて思うように進まないこともあります。その点、時間で区切ってしまえば、たとえあまり進まなかったとしても、「1時間やりきる」ことは可能です。あなたが「やるか」「やらないか」それだけです。もちろん、だらだらと1時間を過ごしても意味はありませんが、副業や勉強が「当たり前」になるまでは、時間を目標にするとスムーズです。

この1時間という目標時間は、今の生活から捻出しなければなりません。先ほど自分で**「減らすことができる」と思った時間（例えばスマホをいじる時間、テレビを見る時間等）を副業や自己研鑽のために割り振りましょう。**

1時間が無理なら、30分でも10分でも構いません。もちろん、10分しか時間が取れない場合、1時間取り組む人に比べれば、大幅に成長スピードは落ちますが、それでも、やらないよりはずっといいです。

副業のための時間は、以下の4つのステップで作ることができます。

1. **1日のうち副業や自己研鑽に使う時間を決める**
2. **1で決めた時間の分だけ、今の生活からやめられることを探す**
3. **2で決めた「やめる」をサポートするためのアクションをとる（コンセントを抜く、リモコンを隠す、箱にしまう……など）**
4. **空いた時間を、副業や自己研鑽などの自己革命のための時間にする**

成功する人は、必ず「時間」をかけている

時間をかけたからといって必ず成功するとは限りませんが、時間をかけずに成功することはありません。

ある程度軌道に乗ってくると、副業にかける時間を短縮することができるようにな

ります。なので、成功している人が優雅に過ごしているのをSNSなどで見て、「あんな片手間であれだけ稼げるのか」と思うかもしれませんが、それは大きな勘違いです。今は片手間で稼いでいる人でも、その土台を築くまでは、寝食を惜しんで取り組んでいたはず。

かくいう僕も、会社員時代は毎日最低でも3時間以上をブログに割いていました。退職するまで、そんな生活を2年半続けていたので、少なく見積もっても2500時間以上をブログに使っていたことになります。

「あなたもこれくらいやりましょう!」とまでは言いませんが、凡人が副収入を増やしていきたいなら、時間をかけるのは必須です。

とはいえ、本業もある中で副業にも長時間取り組むのは大変です。嫌々やっていてはとても続きません。初めは「楽しい」と感じる範囲で構わないので、コツコツ継続していきましょう。

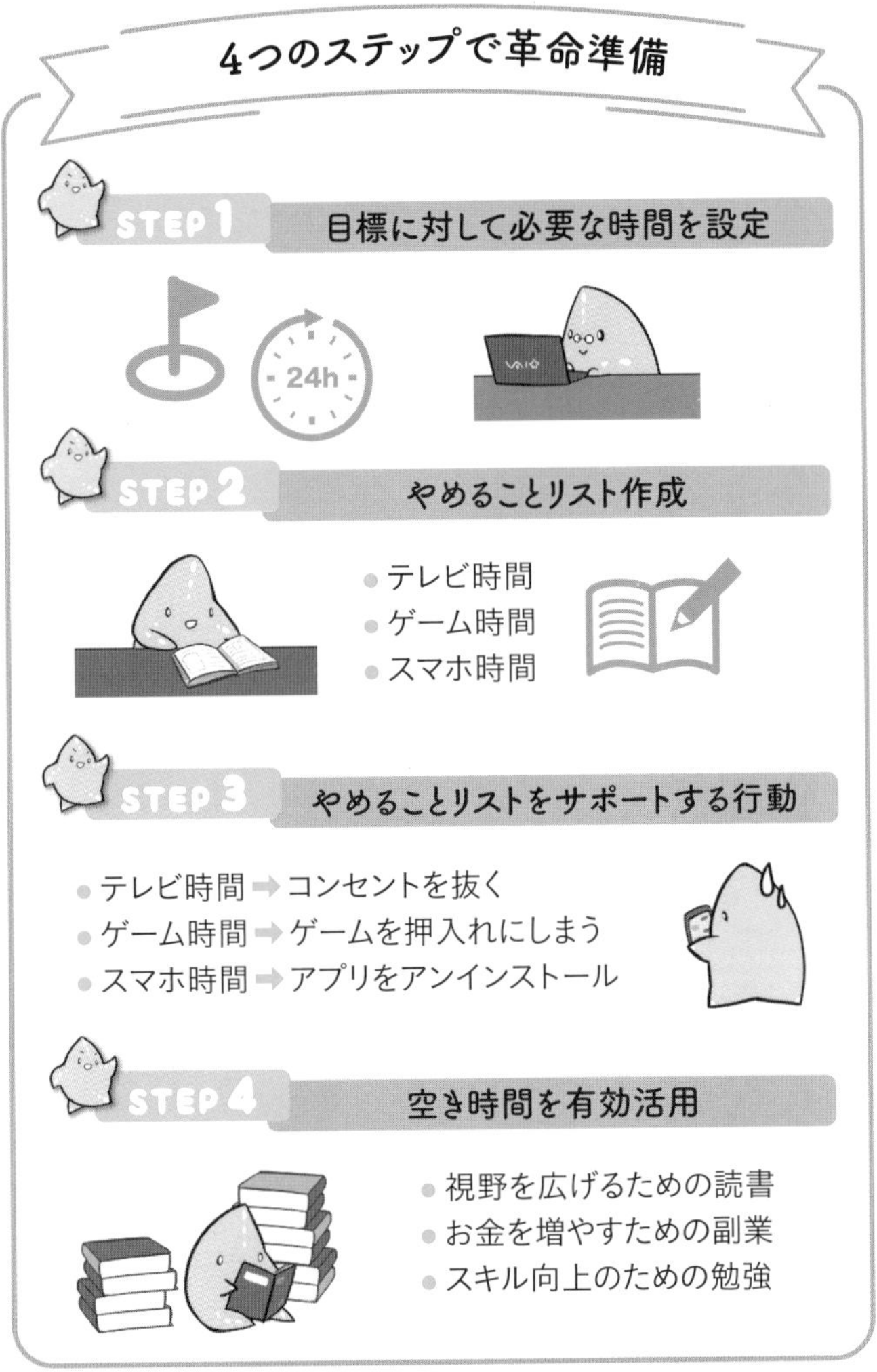
4つのステップで革命準備
STEP 1
目標に対して必要な時間を設定
24h
STEP 2
やめることリスト作成
テレビ時間
ゲーム時間
スマホ時間
STEP 3
やめることリストをサポートする行動
テレビ時間 → コンセントを抜く
ゲーム時間 → ゲームを押入れにしまう
スマホ時間 → アプリをアンインストール
STEP 4
空き時間を有効活用
視野を広げるための読書
お金を増やすための副業
スキル向上のための勉強

3 コンディションを高く保つ 朝型生活のススメ①

人は生まれながらに睡眠パターンを持っているので一概には言えませんが、空いた時間を有効活用するために、朝型生活をおすすめします。

会社を辞めてからというもの、僕は完全に昼夜逆転の生活をしていました。起きる時間は15〜16時。そんな僕がふと思い立って、あるとき、1ヶ月だけ早起きチャレンジをしてみました。

とはいえ、筋金入りの夜型人間の僕が、気合いだけで早起きできるわけありません。睡眠に関する本を大量に読み漁り、エビデンスのある方法論に基づいて実行しました。参考にした本の中で特に良かったのは『スタンフォード式最高の睡眠』（西野精治／サンマーク出版）です。これは、漫画版も出ています。

1ヶ月早起きチャレンジの間は、朝5〜7時に起きていました。チャレンジ以降は、正直もう少し起きるのが遅くなってしまっていますが、それでも昼夜逆転で過ごすことはほぼなくなりました。

生活を朝型にシフトして、さまざまな学びや変化がありました。夜型人間が朝型に切り替えるコツについて、お伝えします。

誰でも早起きができるたった一つの方法

早起きの方法については、調べれば山ほどでてきます。ちょっと検索すれば、次のような方法が簡単に見つかると思います。

- **夜は湯船につかる**
- **寝る3時間前には食事をすます**
- **寝る前は、スマホやPCなどのブルーライトを避ける**
- **運動をする**
- **カフェインやアルコールを控える**

確かに、睡眠の質を高めるという点では、有効かもしれませんが……。ぶっちゃけ、そんなことくらいで早起きできたら苦労しません！　こちらは筋金入りの夜型人間。湯船につかったくらいで眠気がくるとか、そんなステキな体はもちあわせていないのです。

ところが、そんな自分でも早起きできる方法を見つけることができました。

誰でも早起きができるようになる、たった一つの方法を教えます。

それは、**とにかく夜早く寝ること**です。

早起きからのスタートは無理

早起きをしようと思うと、「よし、明日は6時に起きるぞ」というところから始める人が多いと思います。しかし、それがすでに間違いないのです。

起きる時間にフォーカスしている時点で、失敗への道を歩んでいます。強引に早起きしても、体力が持ちません。いつも夜1時に寝て朝8時に起きている人が、就寝時間を変えないまま「明日は朝6時に起きよう」となると、睡眠時間が2時間も減ってしまいます。

これはつらいです。一日中ずっと眠い。

睡眠不足は、病気になるリスクが高まるだけでなく、仕事でのパフォーマンスの低下を引き起こします。そもそも早起きの目的は、健康のためだったり、生産性向上のためだったりするはずです。

なのに、睡眠不足で頭がボーッとしていたのでは、健康にもよくないし、生産性だって上がりません。

もちろん、1日や2日であれば、これでもいけるでしょう。旅行や特別なイベントのために早起きしなければならない場合なら、これでもいいと思います。

しかし、これをやり続けるのは、無理です。体調を崩してしまいます。

フォーカスすべきは、起きる時間ではなく「寝る時間」。早起きをしたければ、とにかく早く寝ることです。

夜型人間が早起きする方法は、これしかありません。早く寝たら、イヤでも早く目が覚めます。

「何、当たり前のこと言ってるんだ？」と思うかもしれませんが、ちょっと聞いてください。皆さんも早起きするために22時に布団に入ったけど、「全く眠くない！」➡「寝られない！」➡「しょうがない、スマホでも見るか！」➡「2時だ！」➡「早起き失敗！」

という経験はないでしょうか？　僕はしょっちゅうやっていました。

夜型の人からすると、22時なんて全く眠くありません。布団に入ったところで寝られるはずがないのです。これを解決するために「夜型ループを断ち切る1日を用意すること」を推奨します。

夜型ループを断ち切る1日を用意する

当たり前のことですが、朝早く起きるから夜早く眠くなるのです。逆にいうと、朝遅くまで寝ているから夜なかなか眠れない。朝型に切り替えたければ、この夜型ループから抜け出さなければなりません。卵が先か鶏が先かみたいな話ではありますが、これを断ち切るには荒療治が必要です。

夜型から朝型に切り替えたければ、1日だけ犠牲にしてください。僕の場合、19時に寝るために、徹夜をしました。もちろん、この徹夜をする日は、生産性ガタ落ちで使いものになりません。なんとか寝ないようにこらえるだけで精一杯でした。

とはいえ、極端な夜型生活をしている人でなければ、ここまでしなくても大丈夫でしょう。

とにかく大事なのは、早く寝ることです。

毎日6時に起きようと思ったら朝6時を目標にするのではなく、そこから逆算して、夜寝る時間を決める。ここが一番のポイントです。

4 コンディションを高く保つ 朝型生活のススメ②

前の項目で、早起きのコツについてお伝えしました。
続いて、早起きのメリットを解説します。

朝活で夜の無駄行動を減らせる

長いこと夜型の生活をしてきたので分かりますが、夜の時間は楽しいものです。ゲームをしたり、漫画を読んだり。もしかしたら「この楽しい時間を失いたくない」と感じている人がいるかもしれません。

しかし、夜やることは、朝にだってできます。

ゲームが楽しいなら朝やればいいし、Twitterが見たいなら朝見ればいい。部屋の片付けも、YouTubeや、録画したドラマを見るのも、そういったことを全て朝やればいいのです。

「朝は忙しい」と思いがちですが、早く寝る分早起きをするのですから、時間が朝にズレているだけ。早起きすれば、朝に時間ができます。やりたいことがあるなら、朝の空き時間にやればいいのです。

ここで一つポイントになることがあります。**それは、夜やりたいことというのは、朝になると、さほどしたくなくなっているということです。**

寝る前に、なんとなくスマホのカメラロールを遡って見てしまうこと、一度は経験があると思います。でも、早起きしてそれをやるかといったら、まずやらない。つまり、これらは、別にやらなくてもいいこと、踏み込んだ言い方をすると、人生における優先順位の低いことなのです。**朝型生活にシフトすると、優先順位の低い行動（TwitterやYouTubeの流し見など）をなくすことができ、その分しっかり必要な睡眠時間を確保できるようになります。**

もちろん、朝起きてどうしてもゲームがやりたいなら、その時はやればいい。初めのうちはそれでいいと思います。とにかく寝る時間を厳守することが大事です。「せっかく朝1時間早く起きたのに1時間ゲームしちゃった」となってもいいと思います。**ゲームがしたいあまりに寝る時間が遅れることのほうがよほど問題です。**

とはいえ、早起きすると、夜の習慣をそのまま朝やるということはあまりありませんから、安心してください。これは、早起きしてみれば分かります。

早起きとは人生の主導権を握ること

「早起きで人生の主導権を取り戻す」これは、『人生の主導権を取り戻す「早起き」の技術』(古川武士／大和書房)に書いてある言葉です。本当にその通りだと思います。言うなれば、早起きというのは、人生における「攻め」の姿勢です。これは別に大袈裟な話ではなく、自分で決めた時間に起きることは、**人生を自分の力でコントロールする第一歩**なのです。

例えば、出社時間は9時だから、8時には起きていなければ間に合わない。だから8時にアラームを何個もかけておく……というのは、会社のために起きていることになります。これでは、人生の主導権を自分で握っているとは言えません。会社のために生きているようなものです。

もちろん、朝起きる時間だけで人生を語るというのは少々極端ではありますが、自分で自分の行動を決める、つまり、人生の主導権を握るということは、非常に大切です。

自分の時間を作るために、自分の意志で、自分が決めた時間に起きる。日々これを繰り返すことで、自分の人生を自分のために生きることができるようになっていきます。

逆に言えば、自分で決めたことに従って生きることができているなら、早起きとか遅起きとか、夜型とか朝型とかはどうでもいい。自分の時間を作るために自分の意志で起きる。自分の意志で行動を決める。自分の意志で実際に行動をする。そのことが重要です。

もしも今、自分は他人のために生きているかもしれない……、とか、自分は会社のために生きているんじゃないか……、と思っているなら、そこから脱却するための第一歩として、ぜひ、早起きにチャレンジしてみてください。

自分の人生の主導権を握る感覚が、分かると思います。

「人生の主導権」などと大きなことを言いましたが、早起きなんて、失敗しても大したことにはなりません。なので、挑戦するだけしてみてください。

まずは一度、自分の意志でいつもより1時間早く寝て、1時間早く起きてみる。そして、早く起きた1時間を使って、自分の人生における大事なことをやってみましょう。それだけで、人生が大きく変わりはじめます。

朝早く起きるためにすべきこと

二度寝を何が何でも回避する

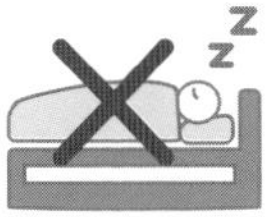

寝足りない感じがあれば、二度寝
ではなく昼寝をしましょう

目覚ましを遠くに置く

一旦布団から出てしまえば、
こっちのものです

朝の楽しみを用意しておく

朝食に自分の好きな食べ物を買っておくと、
起きる意志を強化できます

早起きのメリットを書いて、目に見えるところにおく

朝から目標を思い出し、意欲に燃えて
頑張ることができます

ルール作り

朝起きたら、水を飲むなど必ずすることを
決めると、起床後の習慣ができます

5 寝起きの簡単・神パフォーマンス構築術

もう少しだけ、朝の話をさせてください。せっかく早起きするのであれば、朝の時間を有効に使いたいものです。朝、どのように過ごすのかは、その一日の生産性に大きく影響します。人生は日々の積み重ねですから、朝の過ごし方が人生のクオリティを左右すると言っても過言ではありません。

有意義な一日を過ごすための、朝からパフォーマンスを上げる方法について解説します。

水分を摂取する

朝起きたら、とにかく水を飲みましょう。冷水ではなく、常温がおすすめです。

朝起きると、コーヒーやカフェラテ、紅茶などを飲む方も多いと思いますが、朝一番はとにかく水です。コーヒーを飲みたいなら、水を飲んでからにしましょう。

朝イチの水には、メリットだらけ。水を飲むことによって、胃腸が動きだします。便通も血流もよくなります。さらにはお腹がすいてきて、体温も自然に上がっていきます。水を飲むだけで、これだけのメリットを得ることができるのです。

人は寝ている間にコップ1杯分の汗をかくという話、聞いたことのある人も多いでしょう。冬でも、寝ている間にコップ1杯ほどの汗をかいているそうです。夏であれば、もちろんそれ以上の汗をかいています。寝ている間に失った水分を補給するためにも、朝起きたらまず水を飲むことをおすすめします。

ちなみに睡眠に関する多くの書籍には、「白湯を飲みましょう」と書いてあります。白湯とは、水を沸騰させてから自然に冷ましたもののことです。

確かに白湯のほうがよいのかもしれません。でも、面倒くさいので僕は普通に常温の水を飲んでいます。朝からお湯を沸かして冷めるまで待つなんてやってられないという人は、常温の水で構いません。白湯でなくても、飲まないよりはずっといいです。

朝の光が朝型の循環を生み出す

朝日を浴びましょう。

朝、太陽の光を浴びることで、体のリズムを作ることができます。睡眠を語るとき必ず出てくる神経伝達物質が、セロトニンとメラトニン。この2種のホルモンの分泌に、朝の日光浴が大きな影響を与えます。

朝、太陽の光を浴びると、覚醒作用があるだけでなく、同時に、夜眠るための準備もしてくれます。早起きして朝日を浴びることで、シャキッと目が覚め、その日の夜は早く寝ることができるようになるのです。すると、翌朝また早起きすることができ、そこで朝日を浴びると目が覚め、また早く眠ることができる……と、**早寝早起きの好循環が構築されます。この循環を作るためには、光が必要です。**

ただ、ここで一つ注意したいことがあります。起きてから朝日を浴びることは大切ですが、日の光で起きるのはよくありません。

朝日で起きるというのは、なんだか健康的なイメージがありますよね。小鳥のさえずりが聞こえ、カーテンの隙間から差す光で目が覚める……みたいな。ところが、これがダメなのです。

太陽が昇る時間は、季節によって変わります。冬は遅いし、夏は早い。朝日で起きるとなると、体内時計が混乱してしまいます。原始時代なら太陽のリズムで生活しても問題ないでしょうが、時間で動く現代人は、そうもいきません。

中には、「カーテンを開けて寝て、自然に光を取り入れて目を覚まそう」という話をする人もいるようですが、それだとリズムが崩れていくので、おすすめできません。

むしろ、遮光カーテンを使って、朝日が入らないようにしてください。窓から差し込む光を起きる時のシグナルにしないほうがいいです。起きる時間は、自分でコントロールしていきましょう。

6 散歩は最強のソリューション

僕が行っている習慣で、強くおすすめしたいのが散歩です。最初はなんとなく行ってみただけなのですが、これがとにかく良かった。悪天候の時はさすがに休みますが、それ以外は毎日欠かさず散歩をするようになりました。

ちなみに、ランニングはやりません。もちろん、走りたい人は走ればいいと思いますが、僕には無理でした。走るの疲れます、普通に。

集中力アップ

散歩の最大の効果は、何といっても集中力アップです。

朝の適度な運動は、頭と体を目覚めさせてくれます。

『脳を鍛えるには運動しかない！　最新科学でわかった脳細胞の増やし方』（ジョン・J・レイティ，エリック・ヘイガーマン（著），野中香方子（訳）／NHK出版）という本に、運動によって脳の神経細胞内部でBDNF（脳由来神経栄養因子）というタンパク質の分泌がさかんになり、脳の神経細胞や血管の形成が促されることが書かれています。

朝日を浴びることで体内時計をリセットし、適度な運動で脳を活性化する。この朝の散歩中に、新しいアイデアがひらめくことも少なくありません。

参考までに10万回再生された動画『【Cocoon】ブログを30分で「それっぽい」デザインにする手順を紹介【難しい事しません】』ができた経緯を紹介します。（https://www.youtube.com/watch?v=4T1d2VkbGM0）

散歩中に「ブログ初心者って、何処でつまづくんだろう？」ということを考え出し、「そもそも記事の内容とかより、もっと前に問題があるのでは？」「デザインとかで悩む人は多いのでは？」「でも、正直デザインは大事じゃないから時間かけてほしくないし……」「そうだ、真似するだけで「最低限の見た目」が整うような動画を出してみるのはどうだろう？」とアイデアを閃きました。そして歩きながら動画全体の構成を考え、家について早速形にしたのがこの動画です。机の前で考えていた時はいつまでたっても出なかった答えが、散歩中にはふと出てくることが多々あります。

運動不足解消

普段から運動をしている人ならいいのですが、特にこれといった運動をしていないデスクワーカーは、運動不足になりがちです。フリーランスの場合、通勤すらないので、とにかく動きません。会社員でも、リモートワークが増えて運動不足を実感しはじめた方が多いのではないでしょうか。

先日、フリーランスの友人が整体に行ったときのこと。整体師さんに「どうですか？やっぱり結構凝ってます？」と聞いたら、「凝ってるというか、このままだと歩けなくなりますよ」と言われたらしいです。その整体師さんからは、「筋トレ以前にとりあえず歩いてください。散歩をして」とアドバイスされたそうです。

筋トレ以前の問題だと。とにかく歩くだけでもいいから毎日やってほしいと言われたと聞き、「あぁ、そうか。歩かないといけないんだ」と思い、毎朝の散歩習慣がより強化されました。

散歩を始めたことで血液検査のこの数値が下がった……というようなことはありませんが、体のためになっているという実感があります。

座りっぱなしで一日中過ごすことがかなりマズいというのは、エビデンスがどうこう言われなくても、さすがに分かりますよね。

疲労回復を促すアクティブレスト

積極的に体を動かすことで回復を促す「アクティブレスト」という疲労回復の方法があります。日本語では、積極的休養とも呼ばれます。軽い運動が、疲労回復に効果的で、散歩もアクティブレストに該当します。

運動することで疲れが取れるなんて、ちょっと不思議な気がしますが、疲れているからとゴロゴロするよりも、少し動いたほうが、血行がよくなって回復が早まるのだそうです。この場合、「軽めの運動」というのがポイントで、激しい運動だと逆に疲れてしまいます。

僕自身、一日中ゴロゴロしているよりも、散歩をしたほうが疲れが取れるというのは、実感しています。

あと、メンタル面でも回復します。僕はあまりメンタルの状態が下がりやすいタイプではありませんが、落ち込みやすい人は、ぜひ、朝の散歩をしてみてください。

オーディオブックで学びを加速

僕は散歩するとき、オーディオブックを聞いたり、その日にやるタスクを組み立てたり、今後の長期的な戦略を立てたりしています。

散歩を始めたばかりの頃は散歩自体が新鮮なのでいいのですが、だんだんマンネリになってきます。近所を散歩するわけですから、散歩コースを変えるのにも限界がありますし。

そんな時、オーディオブックを聞きながら散歩すると、退屈しません。あと、なぜか家で聞くより中身がすっと入ってくる感覚があります。

タスク整理や長期戦略を考えるときもそうなのですが、散歩中は頭がクリアになっている感覚があって、物事をスッキリ整理できたりアイデアが湧いてきたりします。いろいろな効果を並べましたが、本当に朝の散歩は最強です。騙されたと思って、ぜひ、やってみてください。

外出したくない時は、ストレッチも効果大

散歩をおすすめしましたが、雨などで散歩に行けないこともあります。そんなときは、ストレッチや軽い運動をしましょう。

軽く体を動かすことで、血流がよくなり、体温も上がります。

筋トレやランニングのようなハードな運動でなくて大丈夫です。ちょっとしたストレッチで充分。なんなら、布団の中で伸びをするだけでも構いません。それだけでも、全然違います。ストレッチの効果は以下の通りです。

- **免疫力の向上**
- **自律神経を整える**
- **集中力UP**

- **リラックス効果**
- **肩こり・腰痛の解消**

寝起きの体の硬さは、凄いです。朝、バキバキに硬くなった体をほぐしておくことで、一日コンディションよく過ごすことができます。

もしできるようなら、ラジオ体操がベストです。ラジオ体操は本当によく作られていて、一曲やるだけで体中のあらゆる部分が伸びるようになっています。

朝の集中力は複雑な作業に活かす

朝はなるべく、重要な仕事やクリエイティブな仕事をするようにしてください。間違っても、請求書の作成やメール返信といったルーティンワークをしないようにしましょう。このような単純作業は、疲れているときでもできます。

朝は、一日の中で最も頭がスッキリしている時間です。そのときに、大事だけど後回しにしてしまったこととか、アイデア出しなどをしましょう。朝は、**「やりたい」もしくは「やらないといけない」と思っていたけど手つかずになっていたこと**ができる時間だと思ってください。

朝の時間はボーナスタイムのようなものです。緊急ではないけれど重要なこと、つまり、「今すぐやらないといけないわけではないけれど、いつかやらないといけない」もしくは、ずっと「やりたいな」と思っていたことを実行する時間にしましょう。ここは、会社の業務のような与えられた仕事ではなく、自分の人生において重要なことをしてほしいところです。

僕自身の例を話すと、面倒だけどやったほうがいいブログ記事のリライトや記事の更新。広告の運用をするために必要なスキルや操作方法の勉強などをしていました。

朝一のクリアな脳は「いつかやりたい（でも面倒くさい）」と思っていたことを実際に行えます。

そして、この重要な仕事をしている朝の時間、やってみると分かりますが、結構楽しいのです。「面倒くさいな」と思っていたことではありますが、やりはじめると充実感がすごい。「あ、今、自分、前に進んだわ」そんな気持ちで満たされます。

ぜひ、早起きをする方は、最も重要な仕事を朝の時間にやってみてください。人生が変わると思います。確実に、人生が良い方向に動いていきます。

効率爆上がりの通勤までのススメ
起床後、
水分を摂取
胃腸が動き出し、便通も
血流もよくなります
朝日を
浴びる
早寝早起きの
好循環を構築
朝食をとる
寝ている間に消費した
エネルギーを補給
ストレッチを
する
リラックス効果や
肩こり・腰痛の解消
通勤まで
勉強や副業に
専念
朝の集中力を活かす
オーディオ
ブックを聴きながら
通勤
通勤時間を
学習時間にできる

7 超実践的知識が手に入る効率増の学習法

自分の力で稼ぎたい、これから変わりたいと思ったら、勉強は避けて通れません。本業があり、家事や育児のある中で勉強するというのは、なかなか大変なことです。せっかく時間を作って学ぶのですから、無駄のないように効率よい学び方をしていきましょう。ここでは、ハズレのないおすすめ学習法について解説します。

暗記不要！　知識の引き出しを生み続ける効率学習

とにかく最優先は「本で学ぶ」です。昔から定番となっている勉強法ですね。

僕も、新しい分野の知識を得たいときには、まずは本を読みます。もちろん、今はインターネット検索をすれば大抵の知識は手に入りますが、書籍の形になっているものは、体系的にまとめられていることが多く、効率よく学ぶことができます。

また、通常の書籍は出版社を通しているため、内容についてもある程度担保されています。ここで重要なのは「数を読むこと」です。同じジャンルの本を最低5冊以上は読みましょう。すると、大体の場合、本の内容が被ってきます。「また同じ内容じゃん」と思っても、それでいいんです。どの本でも出てくる内容とは、つまりそのジャンルにおいて重要で本質的な部分だからです。そこを軸にして、それぞれの著者の考えを取り入れていきましょう。

本から学ぶ際には、「何かを実践するための勉強」と「学校のテストで合格するための勉強」の違いについて理解しておくことが重要です。後者は暗記が必要なのに対し、前者は暗記する必要がありません。一度理解してしまえば、それでいいのです。

実践のための勉強をするなら、本を読んで重要だと思った箇所に折り目や付箋をつけたり、蛍光マーカーなどで書込みをしたりして、目印をつけておきましょう。後々困ったら、目印の箇所を確認すれば済むので、暗記する労力を省くことができます。

このやり方を続けていけば、自分の中の引き出しがたくさん増え、「これについて

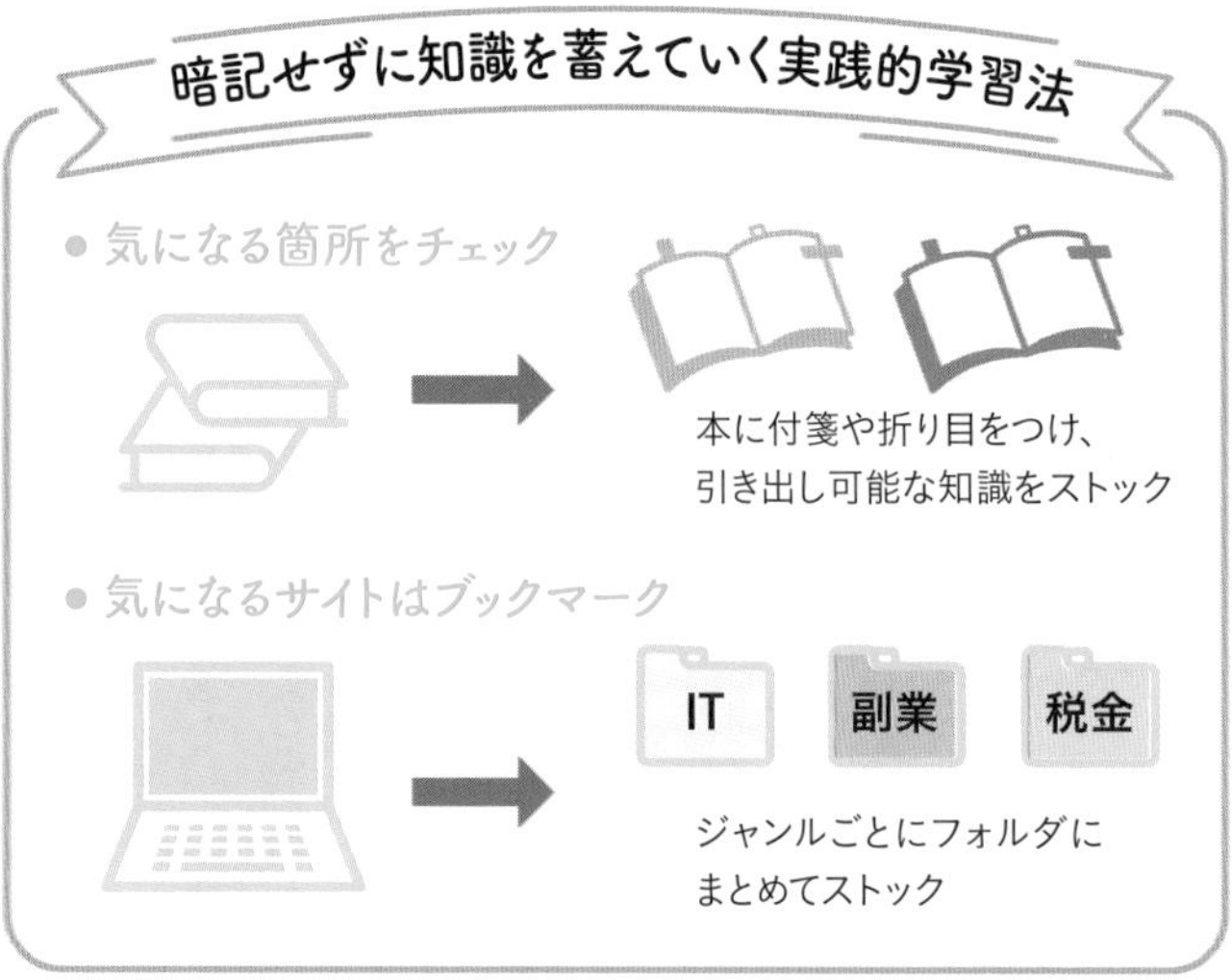
暗記せずに知識を蓄えていく実践的学習法
気になる箇所をチェック
本に付箋や折り目をつけ、
引き出し可能な知識をストック
気になるサイトはブックマーク
IT
副業
税金
ジャンルごとにフォルダに
まとめてストック

困ったときはこの本を見直せばいいな」という感じで、ぶつかった問題に対して容易に対処できるようになります。本に書き込むことに抵抗がある方には、電子書籍を利用して、メモやハイライトの機能を使うのがおすすめです。

インターネット学習は、ブックマーク機能を推奨

とにかくお金をかけずに学びたいのであれば、WEBサイトやYouTubeでの学習をおすすめします。

知りたい分野についてインターネット検索すると、さまざまなWEBサイ

トがヒットします。その中で、信頼できるサイト、自分に合っているサイトがあれば、どんどん学んでいきましょう。

YouTubeについては、娯楽というイメージを持っている人もいると思います。しかし、今は本当にさまざまなYouTubeチャンネルがあり、専門的な知識を教えてくれる有益なチャンネルも少なくありません。中にはクオリティの高いチャンネルもあり、高額な教材に引けをとらない動画も無料で公開されています。

これも書籍やKindle同様に、「これ、使えそうだな」と思ったらブックマーク機能を用いて**いつでも引き出し可能な知識として蓄えることをおすすめ**します。その際、ジャンルごとにフォルダを整理すると見やすいです。

例えば、マーケティングについての項目なら、「マーケティング有用サイト」のようなフォルダを作っておき、そこにブックマークを入れておきましょう。

第一線で活躍している方のもとで学ぶ

「この人から学びたい」と思えるような先人がいるなら、その人のもとで仕事をしながら学ぶことができると、大きく成長します。

例えば、ブログ運営について学びたいのであれば、すでにブログで大きな成果をあげている人のもとで、ディレクターやライターをしながら教えてもらう。つまり、師弟関係のような形で懐に飛び込むわけです。

もちろん、一切募集していないところにゴリ押しするのはおすすめしません。Twitterやブログなどをフォローして、手伝いが欲しそうな素振りがみえたら、すぐに「無料でもいいからやります！」と飛び込んでみる。そのような行動力のある人は、強いです。

ただし、一つ注意しておきたいのは、いくらヤル気があっても戦力にならない場合はダメだということ。無料だとしても足手まといになるだけですので、最低限の知識とスキルは持ち合わせた上でアプローチしましょう。

NGな勉強方法

次に、やらないほうがいい勉強方法についてお伝えします。

これについては一概に言えることではなく、何を学ぶのかによってかなり様子が変わってきます。ブログ運営やアフィリエイトのような、インターネットを使った副業について学びたい場合には、以下のような勉強方法はやめておきましょう。

- **高額なコンサルを受ける**
- **高額なセミナーで学ぶ**

やってはいけないのは、この2つです。

コンサルやセミナーが全てダメとは言いません。実際にあれこれやってみたけれど解決できないことがある、という場合には、コンサルやセミナーを活かすことができるかもしれません。しかし、「よく分からないから何から何まで全部教えてほしい」という気持ちでいると、カモにされてしまいます。

僕自身、コンサルやセミナーを利用することがありますが、ネットビジネス初心者を対象としたコンサルやセミナーにハズレが多いのは、事実です。

ハズレくらいならまだマシで、まるで詐欺のようなものまであります。

そのサービスがアタリかハズレか、それとも詐欺なのかを見極められるのならいいのですが、初心者のうちはその見極めができません。そのため、見極めるだけの眼力がつかないうちは、高額のセミナーや塾のたぐいには手を出さないほうが賢明です。

騙されている人、本当に多いです。僕のところにもよく相談が来ます。お金を増やすために始めた副業でお金を減らしてしまうなんて、これほど悲しいことはありません。重ね重ねになりますが、本当に注意してください。

8 在宅ワークを助けるアイテム

使い勝手のよいツールは、もちろん職種によって大きく異なります。とはいえ、在宅で副業する場合、大抵はPCでの作業が中心になると思います。自宅でPC作業をする際に非常に役立つアイテムをご紹介します。

デュアルモニター

まずはデジタル系のアイテムになります。

デュアルモニター、かなりおすすめです。デュアルモニターとは、PCのモニターを2台つなげて使うことを言います。

デスクトップパソコンを使っている場合はもう1台モニターを、ノートパソコンユーザーは、ノートパソコンの画面とは別にモニターを1台用意しましょう。

デスクトップパソコンの場合には、モニターを横に並べると机に載りきらないことがあるので、モニターアームがあると便利です。

モニターアームを使うと、モニターを空中に浮かしているような状態になるので（もちろん本当に浮いているわけではなくてアームで支えているのですが）、机を広々と使うことができます。モニターの脚がない分、机がスッキリします。なので、できればモニターアームでデュアルモニターにしたいところです。


デュアルモニターにすると、作業領域が広がり、確実に仕事の効率がアップします。

マウスやキーボードを変えるよりも、格段に効果があります。

モニターは安物でも構いません。もちろん、いいものを使うに越したことはありませんが、**モニターを1台から2台にすることがとにかく大事。**高性能なモニター1台よりも安物2台のほうが絶対にいいです。ちなみにモニターを2台にしたら作業効率が倍になったので「だったらモニターを3台にすれば3倍じゃん！」とトリプルモニターにしてみたところ、2・1倍くらいにしかなりませんでした（YouTube

やTwitterが常在することになりがち)。とりあえず2台あれば良さそうです。

ノイズキャンセリングイヤホン(またはヘッドホン)

続いてご紹介するアイテムは、ノイズキャンセリングイヤホンです。

ノイズキャンセリングとは、デジタル処理によって外部の音を打ち消す技術です。外音の波形と真逆の形(逆位相)の波を発生させることで、お互い打ち消しあい、音が消えます。

ノイズキャンセリングのもたらす静寂は凄いです。「よし、今から集中するぞ!」というスイッチが入ります。

イヤホンかヘッドホンかという点については、正直、ノイズキャンセリングだけを考えると、ヘッドホンのほうがいいでしょう。とはいえ、普段使いすることまで考慮すれば、イヤホンのほうが使い勝手はいいと思います。

具体的におすすめする製品は、定番ではありますが、Appleの「AirPods Pro」と、SONYの「WF-1000XM3」です。僕は後者の「WF-1000XM3」をちょっとカスタマイズして使っています。

卓上ホワイトボード

作業効率アップのために、卓上ホワイトボードをおすすめします。ＰＣとは関係のないアイテムが出てきましたが、関係ないからこそ、ＰＣと相性がいいんです。

用途としては、To Doを書き出したり、思考の整理をしたりといったところ。もちろん、これらはＰＣでもできる作業です。しかし、ホワイトボードにはアナログだからこその瞬発力があります。アプリを開く必要もなく、思いついたことをパッと書き留められる。そして、すぐに消せる。図だって簡単に描くことができます。また、常に視界に入れておけるのも利点です。

デジタル機器は非常に便利ですが、アナログにはアナログの良さがあるものです。

ＰＣと併用するからこそ利便性が際立つホワイトボード、かなりおすすめです。

ブックスタンド

ブックスタンドは、本を開いたまま置いておくためのアイテムで、「書見台」とも呼ばれます。

小学校の音楽の授業で、楽譜を立てておくための道具を使ったことがある人も多いと思います。あれのことです。

ＰＣ作業をする際に、本を参照することも多いでしょう。本の内容を参考にしながら文章を書いたり、場合によっては本から引用したり。そのような際に、特定のページを開いたままにできるブックスタンドが非常に役立ちます。

両手が空くので、本を見ながらタイピングが可能なのです。

ブックスタンドがないと、肘《ひじ》で本を押さえながらタイピングしたり、少しずつ暗記しながらタイピングしたり、となかなか大変ですが、そのような苦労が要らなくなります。

安いものなら１００円ショップにも置いてあるので、ぜひ試してみてください。

9 ノマドワーク3種の神器

先ほどは在宅ワークでのお助けアイテムでしたが、今度はノマドワーク用、つまり、外でPC作業をする際に活躍するアイテムを3つご紹介します。

SIMカード対応ノートパソコン

SIMカードを挿すことで携帯電話の回線を利用してデータ通信ができるノートパソコンがあります。**Wi-Fi環境になくてもインターネットに接続できる**ので、とても便利です。

特に僕の場合はブログを仕事にしていることもあり、移動中やちょっとした時間にノートパソコンを開いて作業をすることが多々あります。そういう時、ポケット

Wi-Fiだと、ポケットWi-Fiを出して、電源を入れて……という工程が必要になります。それがなくなるだけでも、かなり時短になります。パッとノートパソコンを開いたらもうネットにつながっている。これがものすごく快適です。

仕事をする際、ストレスなく取り掛かれるというのは、非常に重要です。ノマドワークをすることが多い人は、ぜひ、SIMカード対応のノートパソコンを使ってください。

ただ、SIMカード対応のノートパソコンは高額なものが多いです。ですから、副業での収入が安定的にあって、「より快適に作業したい」という段階に入った時、初めて選択肢に入れればいいと思います。お金の余裕がないうちに無理して買う必要はありません。

僕自身、副業時代は、ASUS（エイスース）というメーカーが出している2万5000円の格安ノートパソコンをずっと使っていました。ちなみに、ブログ収入が100万円を超えた時に使っていたのもそのパソコンです。

今では、会社を辞めて、プロとしてブログを書くようになったので、当時より高解像度でCPUパフォーマンスも高いものを使っています(VAIO SX14というPCで、

20万円くらいのものです）。もちろんSIMカードに対応しています。

今後、このパソコンが壊れても、また必ずSIMカードに対応しているノートパソコンを買います。

非常に快適ですので、導入可能な方は、ぜひ使ってみてください。

PCスタンド

次におすすめするのは、ＰＣスタンド。これは、ノートパソコンの高さを調整してくれるアイテムです。

ノートパソコンを通常の位置で使い続けると、体を壊します。非常に無理のかかる体勢になっているからです。首や腰を痛めているフリーランスが多いのは、ノートパソコンのせいだと僕は思っています。

このノートパソコン使用時の姿勢の悪さを解消してくれるのが、ＰＣスタンドです。パソコンの排熱を促す効果もあります。

僕は今、デスクトップパソコンをメインに使っていますが、ノートパソコンを使っていたときはＰＣスタンドが手放せませんでした。ＰＣスタンドを使うと、明らかに肩周りや首の辺りが楽になるので、本当におすすめです。

さまざまなＰＣスタンドがありますが、「ＭＯＦＴ」という製品が一番おすすめです。姿勢を正すためには、ある程度の角度をつけてノートパソコンを立たせる必要があります。その点、ＭＯＦＴは高さがしっかり出るので、最適です。また、値段も２０００〜３０００円で非常にコスパがいい。さらには、パソコンに直接つけることができるため、持ち運びが楽なのです。ＭＯＦＴは、つけっぱなしにしておいても邪魔にならないので、普段からノートパソコンと一体化させておくといいでしょう。

ただ、実は僕のノートＰＣはＭＯＦＴを取り付けるとSIMカードが取り出せなくなるため、残念ながら現在は使っていません。

ＰＣスタンドを購入する際は、自分のパソコンに装着しても問題ないかをきちんと確認しておきましょう。

覗き見防止フィルム

外でPC作業をすることのある人は、覗き見防止フィルムを装着しましょう。

これは、斜め後ろから覗かれても、画面が見えないようにしてくれるものです。せっかくフィルムを使うのであれば、ブルーライトもカットしてくれるものがいいでしょう。

装着方法はいろいろなタイプがありますが、粘着式のものではなく、マグネット式のものをおすすめします。簡単に着脱できるため、普段は外しておいて、外出時だけ装着するといったことができます。

あと、粘着式の場合、貼ってみたもののあまりよくなかった時、剝がすのが大変です。そうならないためにも、マグネット式のものをおすすめします。他の人に画面を見せたいときにパッと外せたり、自分だけしかいない空間では外して使えたりと便利です。

あと、「覗き見されても別にいいんだけど……」と思うかもしれませんが、ログイン情報などを知られないよう、セキュリティという観点からも、フィルムを着けておいたほうがいいと思います。

ヒトデの作業スペース

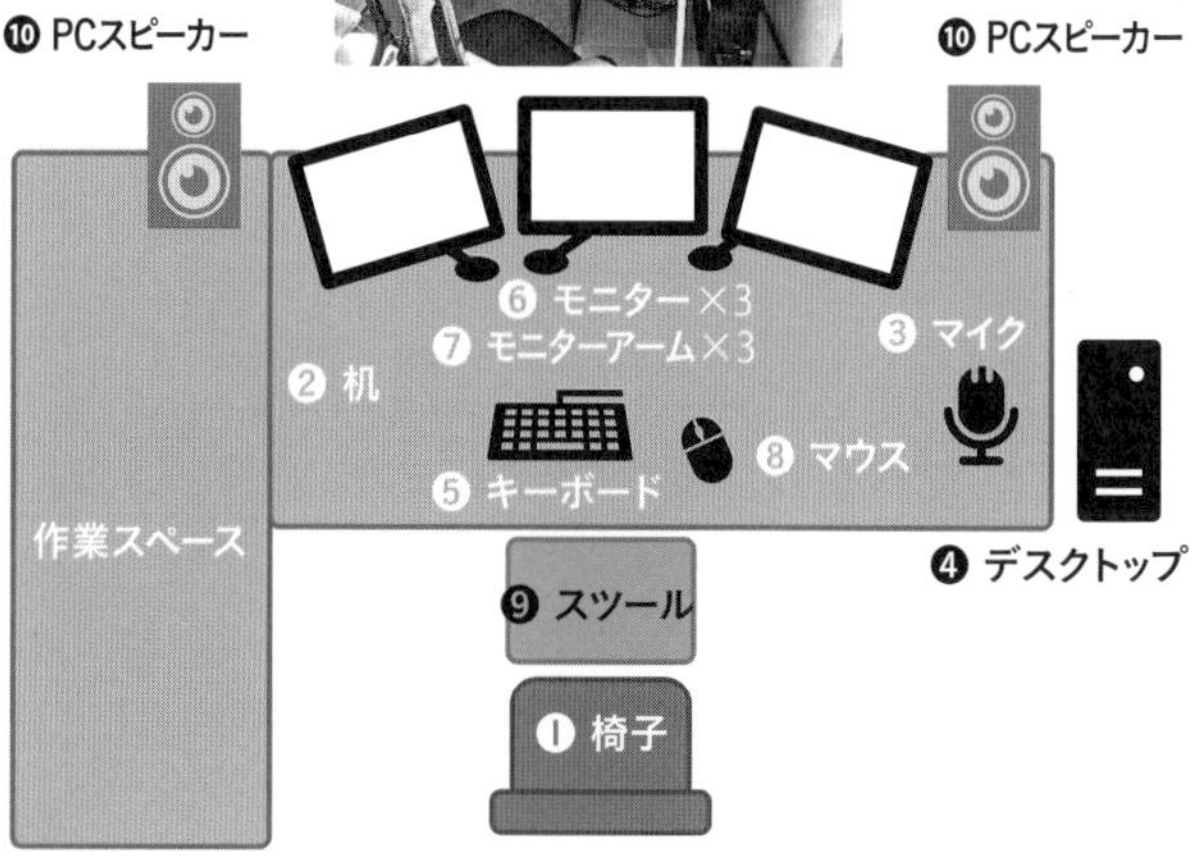

① 椅子　：名称「オカムラ オフィスチェア シルフィー」
② 机　：名称「LOWYA L字デスク」
③ マイク　：名称「マランツプロ　MPM2000U」
④ デスクトップ：名称「ドスパラMonarch FE」
⑤ キーボード　：名称「東プレ REALFORCE」
⑥ モニター　：名称「LG モニター ディスプレイ 24UD58-B」
⑦ モニターアーム：名称「Loctek ガス圧式デュアルモニターアーム」
⑧ マウス　：名称「ロジクール MX2000」
⑨ スツール　：名称「アイリスオーヤマ スツール クッション付」
⑩ PCスピーカー：名称「Bose Companion 20」

10 普通の僕らでもできるタスク管理&ツリー思考

本業と副業を両立するためには、同時進行でいくつもの作業をこなす必要があります。すると、タスクを把握しきれない、考えがまとまらないといった状況に陥ってしまいがち。

そこで、誰にでも簡単にできるタスク管理と思考整理法についてお伝えします。

タスクを一面に可視化する

僕たちには、動作や作業などの情報を一時的に記憶するワーキングメモリ（作業記憶）というものがあります。しかし、このワーキングメモリは容量が小さいため、業務量が多すぎると、何から手をつけたらいいか分からなくなります。

Trelloの使用イメージ（一部機能の紹介）

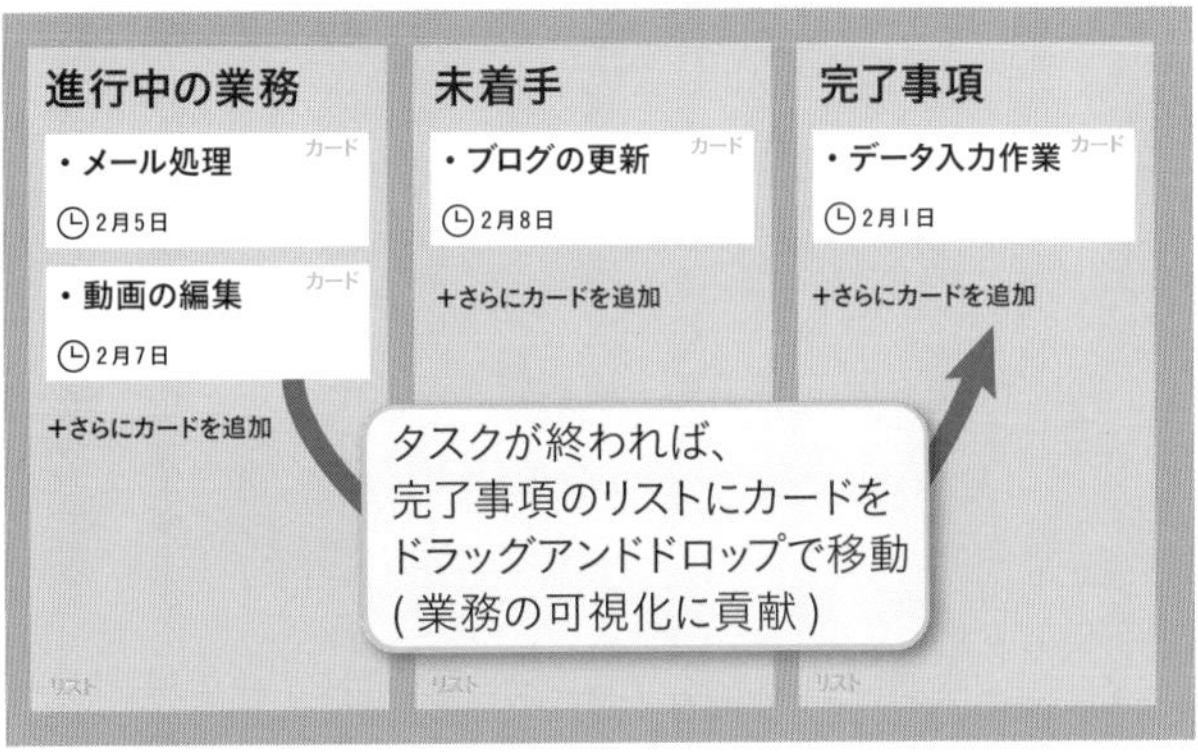

これは、業務量を把握、記憶しきれていないことが原因です。すでに「To Doリスト」や「メモ帳」などで情報を一元化して対処している人もいると思いますが、僕はタスク管理ツール『Trello（トレロ）』をおすすめします。Trelloは、やるべきこととスケジュールを可視化したり、生産性を測定できるなど、プロジェクトを効率よく進めることができるツールです。Trelloには、次のような特徴があります。

- **さまざまな視点でタスクを絞り込める（図は進捗別にタスクを管理したもの）**

- **視覚的に作業の見通し可能（チームでも共有できる）**
- **ＰＣでもスマホでも使用できる**
- **ガントチャートを作成できる**

今日やることではなくても、「とりあえずやらないといけないこと」といった項目を作っておき、何か予定が入ったらそこにとりあえず入れてしまいます。このツールを導入してからは、「何月何日にこのキャンペーンが変わるから、書き換える必要がある」などのタスクを忘れずにこなせています。

僕は非常に忘れっぽくてミスが多いので、Trelloなしでは今の仕事をこなしきれないでしょう。

思考も一面に可視化する

僕は考えを整理する際、「マインドマップ」という手法を使っています。マインドマップは、英国人作家トニー・ブザンが提唱した思考の表現方法です。メインテーマ

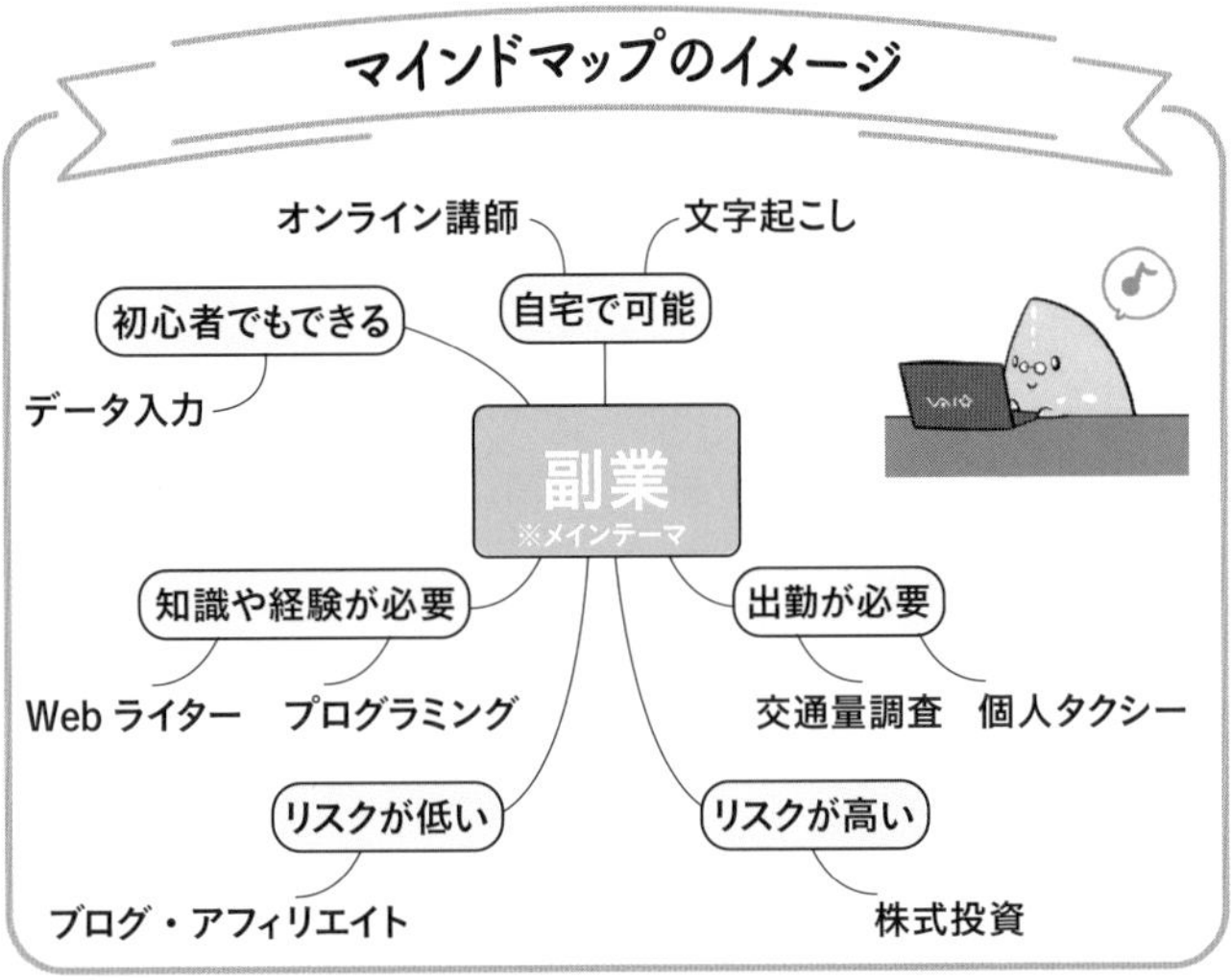

を中央に配置し、テーマから連想される言葉や情報を線でつなげながら細分化、展開していきます（図参照）。紙に書くのはしんどいため、僕はマインドマップソフト「MindMaster」を使用しています。MindMasterは無料で使える範囲が広く、おすすめのツールです。

マインドマップで思考すると、発想が広がりやすく、一面に思考がまとまるため、読み返しや復習もはかどります。仕事の能率・生産性を向上したいとき、理解力や学習能力を高めたいときに最適のテクニックです。

第2章

凡人くんの副業革命

1 会社員でもできる副業はこれだ！ 副業10選

凡人が人生を変えるなら、副業は必須です。他にも人生を変える手段としては転職をしてキャリアアップなどがありますが、これだとあまりにもハードルが高い。しかし、副業なら大きなリスクを負うことなく、人生を変えていくことができます。

2018年に厚生労働省が副業解禁を発表してから、副業をする人が増えてきました。皆さんの周りにも同僚や学生時代の友人など、身近に副業を始めた人がいるかもしれません。「自分も副業をしてみようかな」と思っている人もいるでしょう。

一口に副業と言っても、月に3万円を稼ぎたい人と、月に10万円以上を稼ぎたい人とでは、副業の選び方が大きく異なります。

副業を選ぶときは、

● 自分が毎月使える時間

- **自分が毎月使えるお金**
- **自分がすでに持っているスキル**
- **将来的に独立するのか、しないのか**

をまず考えてください。

インターネットが普及してからというもの、会社員にできる副業が、一気に増えました。

お金はかからないけれど時間が必要な副業もあれば、お金はかかるけれど時間はそれほど必要ないという副業もあります。また、独立しやすい副業もあれば、独立するには向いていない副業もあります。

もちろん最初は、「これ楽しそう！」「やってみたい！」という気持ちが大切です。しかし、本腰を入れて取り組むのであれば、先のことも考えておいたほうがいいでしょう。

現状、自分には何ができるのか、どこまでできるのか、副業をしてどうなりたいのか。それを踏まえた上で、副業選びに取り組んでください。

次頁の表は、会社員でもできる副業10選です。会社勤めとは違い、個人で仕事をす

会社員でもできる副業10選

職業	リスク	収入の目安	ポイント	向いている人	向いていない人
ブログアフィリエイト	低	～100万円以上	・初期費用が安い ・好きなことやスキルを活かせる ・収入に上限がない	・コツコツ作業できる人 ・自己表現が好きな人	・即金を求める人 ・面倒くさがりな人
WEBライティング	低	～15万円ほど	・興味ある分野で受注できる ・自分のペースで受注できる ・やった分だけ確実に稼げる	・スキルや経験を活かしたい人 ・仕事量を自分で調節したい人 ・確実な収入を得たい人	・PCを持っていない人 ・タイピングが苦手な人
動画配信	低	～100万円以上	・初期費用が安い ・好きなことやスキルを活かせる ・収入に上限がない	・コツコツ作業できる人 ・自己表現が好きな人	・即金を求める人
Uber Eats	低	～15万円ほど	・好きな時間に働ける ・運動になる ・効率よく動けば時給2000円くらい	・空き時間を活用したい人 ・動くことが好きな人	・都市部に住んでいない人 ・動くことが苦手な人
単発バイト（マッチングアプリ）	低	～5万円ほど	・空いた時間に働ける ・バイトなのに人間関係に縛られない ・バイトなのにシフトを考えなくてよい	・ちょっとした副業が欲しい人 ・即金を求める人	・安定的に仕事をしたい人 ・高い収入が欲しい人

個人的にあまりおすすめはしないです……

転売（せどり）	中	～30万円ほど	・スキル不要 ・再現性が高い（真似ができる） ・収入をすぐ得やすい	・資金がある人 ・流行やプレミアに敏感な人	・資金がない人 ・モノ（商品）に興味がない人
株式投資	中	不確定	・巨額の利益を得られる可能性がある ・大きな損失が出る可能性もある	・多く稼ぎたい人 ・企業研究が好きな人	・繊細な人 ・決断力のない人 ・資金のない人
積立投資（ロボアドバイザー）	中	不確定	・ロボットが自動で運用してくれる	・資産運用を任せたい人 ・忙しくて自分で売買できない人	・自分で資産運用したい人 ・投資資金がない人
FX 投資	高	不確定	・巨額の利益を得られる可能性がある ・大きな損失が出る可能性もある	・多く稼ぎたい人	・資金がない人 ・繊細な人
不動産投資	高	不確定	・不労所得を得られる	・潤沢な投資資金のある人 ・不動産に関する知識のある人（または学習意欲のある人）	・資金の乏しい人 ・繊細な人

る際には、大なり小なりリスクが伴います。副業する上でのリスク、収入の目安、副業の特徴（ポイント）、向いている人／向いていない人について記載しましたので、副業選びの参考にしてください。

リスクの低い副業

■ブログアフィリエイト

ブログアフィリエイトは、年間1万円ほどのコスト（レンタルサーバーやドメインなどを利用する費用）で始められます。

収益化するまでに時間はかかるものの、興味のあることや好きなこと、自身の経験などを発信することが収入につながるため、楽しみながら取り組むことができます。

文章を書くのが好きな人なら、趣味と実益を兼ねた副業になるでしょう。

また、ブログアフィリエイトで上場している企業もあり、稼げる金額に上限はありません。

個人で月に100万円以上稼いでいる人もいます。

誰もが多く稼げるわけではありませんが、継続さえしていれば、月1~5万円ほどの収入を得ることも難しくありません。

■WEBライティング

WEBサイトやWEBメディアの記事を書く仕事です。

WEBメディアを運営する企業や個人から、依頼を受けて記事を執筆します。テーマや文字数、キーワードなど、記事についての仕様があり、それに沿った形で執筆、期限通りに納品することが求められます。案件によっては、得意分野を選択して執筆することも可能です。

WEBライターを本業にしている人もいますが、基本的には副業として活動している人が多い職種です。

参入のハードルは低く、未経験からスタートする人も多くいます。

■動画配信

YouTubeなど、動画配信を副業にする人も増えています。

ガジェットや商品のレビュー、ゲーム実況などが人気です。最低限、スマホ1台あれば撮影、編集、配信が可能なため、初期費用を非常に低く抑えることができます。

向き／不向きの大きい仕事ですが、書くよりも喋るほうが得意な人は、動画配信が向いているかもしれません。

■ Uber Eats

自前の自転車やバイクなどで飲食店の料理を配達します。

東京や大阪、名古屋、神戸、京都などの都市部に限られますが、好きな時間に働くことが可能です。

完全歩合制で、配達の距離にもよりますが、1配達あたりだいたい600〜900円ほど。

初めのうちは時給換算すると1000円くらいになることが多いようですが、慣れてきて効率よく動けるようになると時給2000円以上になることも。

トップクラスに稼ぐ人の場合、1日で4万円以上の収入になることもあるそうです。

■単発バイト（マッチングアプリ）

空き時間に働きたい人と単発のバイトを使いたい雇用主とをつなぐマッチングアプリがあります。

これらのアプリでは1日ごとにバイト先を探すことが可能です。居酒屋、カフェ、オフィスワーク、イベントスタッフ、モニター調査など、多彩な仕事があります。

基本的に報酬受取りまでの日数が短く、中には仕事が終わるとすぐアプリに報酬が反映されるものも（報酬の引き出しには振込申請が必要）。

毎回異なるお店や企業で働くことができ、人間関係に煩わされることがありません。

リスクが中くらいの副業

■転売（せどり）

販売店によって価格差の生じる商品を、安く仕入れて高く売ることで差益を得る「転売（せどり）」。国内取引のほか、個人輸入やeBayでの海外出品など、さまざまな方法があります。また、ネットショップで仕入れる場合もあれば、実店舗に足を運んで仕入れる場合もあります。

ショップによって価格差があって、かつ売りやすい商品を見つけることができれば、すぐに稼ぐことが可能です。

Amazonマーケットプレイスやメルカリなど、簡単に使えるプラットフォームがあるため、集客やブランディングは必要ありません。特別なスキルや資質がなくても稼ぐチャンスのある副業です。

ただ、仕入れるために、ある程度の資金があったほうがよいでしょう。もちろん小額からでも始められるのですが、資金があればあるほど仕入れる商品の幅が広がるので有利です。

学生にもできる仕事ではありますが、仕入れた商品が売れなければ在庫を抱えたままになってしまいます。また、世間的なイメージもあまり良くないので(高額転売等)、そういった部分がリスクになります。

投資という選択

「おすすめの副業」などで調べると必ず出てくる「投資」ですが、僕は「投資」と「副業」は明確に線引きするべきだと思っています。このことをどうしても伝えたかったので、こちらの項目を作りました。

あくまで本業や副業で稼いだお金の運用先が投資であり、投資自体が副業になることはほぼありません。もちろん、しっかりと分析を行い、デイトレーダーのようにチャートに張り付いて利益を積み上げていく方であれば副業と言えるかもしれませんが、ほとんどの方が実際に行う投資はそういったものではないと思います。

ここでは簡単に説明をしますが、あくまで「投資」と「副業」は別物だということを頭に入れておいてください。

■株式投資

株式投資とは、企業の株式を購入することで出資者（オーナー）の一員となり、配当金や株主優待を受け取ったり、売却差益を得たりする投資のことです。

ネット証券を使うことにより、気軽に始めることができます。

年間億の単位で稼ぐ投資家もいれば、多額のマイナスを出してしまう人もいます。

企業情報をしっかり読み込むこと、投資法について学ぶことが必要です。

■積立投資（ロボアドバイザー）

株式投資や国債など、人工知能のロボアドバイザーによって資産運用します。

投資には興味があるけれど自信がない人、自分で売買するのが面倒な人におすすめです。

積立投資にすることで、無理なくほったらかしで資産運用することができます。ただし、手数料は自分で売買するのに比べて割高になるので、そこはご注意ください。

■FX投資

FXは、通貨のレート変動を利用して差益を取っていく投資法です。証拠金を入れることによりレバレッジ（担保として預けた資金をもとに大きな金額の取引を可能とする仕組み）をかけられるのが特徴で、資金が少なくても大きな取引をすることができます。

しかし、これは諸刃の剣。大きな勝負に出られるということは、負けた時の損失も巨大であることを覚悟しましょう。

ＦＸ投資は、よほどしっかり学ばないと、ただの投機（ギャンブル）になりかねません。ＦＸ投資で安定した利益を生み出すのはほぼ無理だと思ったほうが良いです。これで人生が終了してしまう人も多数いるので（「ＦＸ　破産」などで検索してみてください）、手を出さないほうが賢明です。

■ 不動産投資

不動産を購入して使いたい人に貸し、その賃貸料で利益を得るのが不動産投資。つまり、いわゆる「大家さん」です。

潤沢な資金がないと参入できない上に、不動産の目利きをする能力も必要とされます。新規の参入ハードルは非常に高いです。

それでもやってみたい人は、焦らずにしっかり勉強してから取り組んでください。

外で働きたい方向け副業リスト

現場勤務

交通量調査	セミナー講師
コールセンター	チラシ投函(ポスティング)
育児代行	営業代行
イベントスタッフ	送迎代行
治験	内装工事
事務補助	整備員
個人タクシー	倉庫整理
覆面調査	宅配ドライバー
レンタル彼氏彼女	コンサルティング
試験監督	草刈り代行

在宅したい方向け副業リスト

在宅可能

プログラミング	ブログ・アフィリエイト
翻訳	電子書籍の販売
アンケートモニター	Web ライター
文字起こし	イラスト制作
データ入力	動画配信・動画制作
デザイン	オンライン講師
輸入ビジネス	オークション
ホームページ制作	ハンドメイド・グッズ制作
note の有料記事販売	カスタマーサポート
クラウドソーシング	LINE スタンプ製作

2 自分に合った副業の見つけ方

会社勤めを続けるにせよ、独立を目指すにせよ、将来に備えるという意味で、副業することを強くおすすめします。

一口に副業と言っても、さまざまな仕事があります。僕はブログから始めましたが、ライターをしている人もいれば、プログラミングで稼ぐ人もいる。あるいは内職のような形でデータ入力や軽作業を請け負っている人もいます。

大事なのは、無理せずできる仕事を選ぶこと。向き不向きというものは必ずあるので、自分の適性に合った副業をしなければ、続きません。

副業の選び方は、まず「興味が湧くか」で選ぶ

どの副業をやるにしても、成果を出すためにはそれなりの時間がかかります。つまり、継続していくことが重要です。そんな中「全然興味ないけどこの副業は稼げそう」という気持ちで始めると、長続きせず、結局稼げるところまで到達できません。もちろん「俺は絶対年末までに50万円稼がないとダメなんだ！」と強いモチベーションを持っている場合は収益性重視で仕事を選んでも構いませんが、そこまでの気持ちではないなら「楽しそうなこと」「興味のあること」「苦痛じゃないこと」から副業を選ぶと、長く続けることができ、結果が出やすくなります。

当たり前ですが、副業は本業をやった上で行う仕事です。本業で疲れているところにやるのですから、楽しんでできることでなければ、早々に脱落してしまいます。

とりあえずやってみる

とはいえ、実際にやってみないと分からないのも事実です。やってもみないうちから「自分には無理」と思い込んでしまうのは、もったいない。やってみて、結果、本当にダメだったとしても、それはそれで一つの経験です。

さわりだけかじってみたことが、のちのち役に立つというのもよく聞く話。もちろん、あらゆる仕事を全て試すことはできませんが、少しでも「これ、興味あるかも」と思ったらトライしてみましょう。

今はパソコンやインターネットを使って簡単に副業を始めることができます。さらに、初期費用の低い副業もたくさんあります。

これまでの副業は、斡旋業者の面接を受けたり登録手続きがあったり、直接請け負う場合には、自分で営業してクライアントを見つける必要がありました。

それが今や、コストも手間もかけずに気軽に副業を始めることができるのです。なので、興味があればとりあえずやってみて、ダメだったら次、ダメだったら次、と自分に合う仕事が見つかるまで、何にでもチャレンジしてみましょう。

「それでは専門性も身につかず、全てがおろそかになってしまうのでは？」と不安になるかもしれませんが、僕の周囲を見る限りでは、何かしら自分に合うものを見つけている人がほとんどです。

やりたいことが分からない人は自己分析をしてみよう

副業は、興味のあることから選んだほうがよいのですが、「そもそも自分が何に興味があるのか分からない」「やりたいことが分からない」という人もいるでしょう。やりたいことが分からない場合には、自己分析をおすすめします。

自己分析をすることで、自分が何に向いているのかが分かります。やりたいことが分からなければ、とりあえず一番向いていることからやってみる。やってみてイマイチ楽しくなかったら、二番目に向いていることをやってみる。いろいろチャレンジしているうちに、「自分に向いているし、楽しいと思えるもの」がきっと見つかります。

自己分析をするのにおすすめの書籍をご紹介します。

『さあ、才能（じぶん）に目覚めよう』

1冊目は『さあ、才能（じぶん）に目覚めよう』（マーカス・バッキンガム（著）、ドナルド・O・クリフトン（著）、田口俊樹（訳）／日本経済新聞出版）、世界的ベストセラーとなった自己分析本です。

「ストレングスファインダー」という言葉を聞いたことのある人もいるかもしれません。この本では、ストレングスファインダーという「自分の強み」を見つける分析テストについて解説しています。自分の強みを見つけることで、何が自分に合っているのかが見えてきます。

巻末にIDがついており、自分の強みについてWEBサイトで詳細な分析テストを受けることができます。テストを受けられるのは、一つのIDにつき1回だけ。中古本を買うとIDが使用済のことがあるため、必ず新品を購入するようにしましょう。

『世界一やさしい「やりたいこと」の見つけ方』

2冊目は、『世界一やさしい「やりたいこと」の見つけ方』（八木仁平／KADOKAWA）です。こちらは、中田敦彦さんのYouTubeチャンネル『中田敦彦のYouTube大学』でも取り上げられた話題の一冊。これまでの自分探し本と大きく異なるのは、単なる自己啓発にとどまらない実践的な内容となっているところです。読んで「ああ、いい話だったな」で終わるものではなく、紙とペンを用意し、手を動かして自分の頭で考えながら「やりたいこと」を紐解いていきます。

自分のやりたいことがよく分からないという人、今、多いと思います。そういう場合には、ご紹介した2冊を参考に、まずは自分を知るところから始めてみてください。

一点、注意してほしいのですが、やりたいこととか自己分析の話をすると、「自分は人生をかけて何を成したいのか」と壮大なことを考える人がいます。もちろん、大きな人生の目標があるに越したことはありませんが、そこまでのものが見つかる人はほとんどいないでしょう。

「ちょっとやってみたいな」「ちょっと興味あるな」程度のことで構いません。あまり身構えずに、気軽に取り組んでください。

3 会社に囚われない自由「フリーランス」

会社勤めを窮屈だと感じている人にとって、フリーランスは非常に魅力的な働き方です。

フリーランスと聞くと、どのような印象を持つでしょうか。

大手人材派遣会社のアデコは2019年、フリーランスに対する意識調査を実施しました。(https://www.adeccogroup.jp/pressroom/2019/0802)

現役フリーランス300人とフリーランスに興味を持つ会社員300人にアンケートを行った結果が、以下の表です。

フリーランスとして働くデメリット (n= 各 300 複数回答)

	現役フリーランス		会社員	
	回答率	ランキング	回答率	ランキング
収入が不安定	72.7	1	50.0	1
社会的信用が低いこと	42.1	2	20.3	10
確定申告の手続きが煩わしい	41.3	3	35.0	3
収入が減る	36.4	4	31.0	4
仕事を自ら取ってこなければならない	36.4	4	41.3	2
福利厚生(研修支援、保養施設やスポーツクラブの利用など)が整備されていない	28.9	6	15.3	15
年金制度や退職金制度などリタイヤ後の保障が会社員に比べて劣化する	28.1	7	21.7	7
自分で価格交渉をする必要がある	26.4	8	21.7	7
成果を出すことへのプレッシャー	24.0	9	25.0	6
仕事や事業について相談先がない	17.4	10	19.3	11
スキル向上のための自己学習	14.0	11	15.3	15
取引先と比較して立場が弱い	14.0	11	18.7	12
保険関連の切り替え手続きが煩雑である	10.7	13	20.7	9
特に苦労していることはない	10.7	13	4.3	18
仕事する時間が増加する	9.1	15	30.3	5

フリーランスとして働くメリット

(n= 各 300 複数回答)

	現役フリーランス		会社員	
	回答率	ランキング	回答率	ランキング
自分のペースで仕事ができる	60.7	1	65.7	1
自身がやりたい仕事ができる	53.0	2	57.7	3
働く時間を自分で決められる	47.0	3	43.0	5
仕事以外の自分の時間を確保したい(ワーク・ライフ・バランスの充実)	35.0	4	30.7	9
自分のスキルや経験を極めたい	31.3	5	56.7	4
専門的な技術や資格を活かせる	29.3	6	19.0	13
職場の人間関係のストレスがない	28.7	7	29.0	10
一つの会社に縛られたくない	23.3	8	20.3	12
自分の力を試したい	21.3	9	32.0	8
働く地域や場所を選びたい	18.7	10	26.7	11
年齢(定年)に関係なく仕事をしたい	16.7	11	35.0	6
収入を増やしたい	16.0	12	63.7	2
自分の知見を広げたい	14.3	13	33.7	7
仕事の範囲や責任が明確	12.0	14	15.3	14

出典：アデコ株式会社調査より

フリーランスのメリットについては、「自分のペースで仕事ができる」がフリーランスによる回答、会社員による回答ともに1位。2位は、フリーランスによる回答が「自身がやりたい仕事ができる」、会社員による回答が「収入を増やしたい」となりました。

一方、デメリットについては、1位はともに「収入が不安定」、2位はフリーランスによる回答が「社会的信用が低いこと」、会社員による回答が「仕事を自ら取ってこなければならない」となっています。

また、現役フリーランスに今後どのような働き方をしたいのかを聞いた結果、77・3%が「フリーランスを継続したい」と答え、「会社員として働きたい」はわずか4・3%でした。将来的な不安について尋ねると、「顧客（仕事）の継続的な確保」という回答が最も多く、41・3%でした。

一方、会社員に「フリーランスだけで働きたい」か「会社員とフリーランスとの副業で働きたい」かを聞くと、「会社員とフリーランスとの副業で働きたい」の回答が71・0%を占めました。フリーランスを希望する理由としては、「会社員の収入よりも高い収入を得たい」が39・7%、「複数の収入源を得て経済的な安定を得たい」が

36・3％と、収入に関するものが上位を占めています。

フリーランスという働き方に対し、現役フリーランスはその「働きやすさ」に満足しており、会社員は上限のない収入に魅力を感じていることが分かります。

「働きやすさ」と「収入」。ここにフリーランスの魅力が集約されていると言えるでしょう。

フリーランスのメリットとデメリット

フリーランスという働き方は、会社勤めとは大きく異なります。メリットの大きい魅力溢れる働き方である一方、そのメリットを裏返せばデメリットになってしまうという面も持っています。

■働く時間や場所が自由

フリーランスのメリットは、なんと言っても「自由」です。

「フリーランス」と呼ばれるくらいですから、当然「フリー：自由」なのです。

どこで仕事をしても、いつ仕事をしてもいいのが、フリーランスの特権です。満員電車で通勤する必要はないし、就業時刻も決まっていません。

もちろんこれは職種にもよりますが、パソコン1台あればできる仕事も多く、カフェで仕事をするノマドスタイルや、都会から離れて自然の多い場所に移り住むなど、好きなスタイルで仕事をすることができます。

交通費や宿泊費の安い平日に旅行して、旅行先で仕事をする……なんてことも可能です。

〔裏を返せば……〕

場所や時間が自由ということは、それがそのままデメリットにもなってしまいます。いつでもどこでも仕事ができるため、常に仕事に追われている気がしてしまい、心が休まることがない……。そのような状態に陥ってしまう人もいます。

旅行に行っても仕事ができるため、「あ、あれやっとかなきゃ」と思い出すと、パソコンを開いてつい作業してしまいます。せっかくの旅行なのに、満喫しきれないといったことも起こります。

■好きな仕事だけをすることが可能

仕事を選ぶことができます。自分の好きな仕事だけをして、やりたくない仕事はしない。そんなことが許されるのも、フリーランスだからこそです。

〔裏を返せば……〕

仕事が選べるという利点はあるものの、スキルがなければそもそも仕事がありません。また、自分の持っているスキルだけで仕事を続けてしまうと成長しないため、自ら進んで学び続ける姿勢が大切です。

■人間関係のストレスフリー

人間関係の煩わしさは、かなり軽減されます。

会社勤めをしていると、同じ部署に苦手な人がいても、付き合いを避けることはできません。しかし、フリーランスになれば、付き合いたくない人と無理して付き合う必要はなくなります。

〔裏を返せば……〕

固定された人間関係がないため、会社で上司や先輩が教えてくれるということもありません。また、同期や同僚もいないため、自分から積極的に人と交流しなければ、孤立してしまいます。

■頑張る分だけ収入は増加

フリーランスは頑張れば頑張った分だけ収入が伸びます。

会社のルールで給与が定められている会社員の場合、どんなに頑張ってもその収入には上限があります。

しかし、フリーランスであれば、その上限値がありません。成功すれば、どんどん収入は上がっていきます。

【裏を返せば……】

上限値がない代わりに、最低保証もありません。経費ばかりかかって結局赤字ということだって、当然起こり得ます。

会社員のように安定して毎月20万円、30万円もらえるということはなく、マイナスかもしれないし、100万円を超えるかもしれないのです。

4 最短で稼ぐための3ステップ

副業は、最初が一番大変です。何をどうすればよいのか勝手が分からないため、作業効率が非常に悪く、なかなか仕事が捗《はかど》らない。

少しのことにやたら時間がかかってしまい、時給換算すると数百円にも満たないということも、決して少なくありません。ブログやYouTubeのような副業の場合、最初の数ヶ月は1円にもならないのが当たり前です。

僕自身、月5万円の収入をブログで得られるようになるまでに、7ヶ月ほどかかりました。この7ヶ月の間、決してサボっていたわけではありません。毎日最低3時間はブログに使っていました。それこそ土日は8時間くらい作業していたので、月5万円の収入を得るまでに、単純計算で630時間は作業していたことになります。

なかなか結果が出ないと、続けることがしんどくなってしまいます。実際、開設される**ブログのほとんどが、1年以内に更新がストップしています。**

クライアントワークにせよ、ブログやYouTubeにせよ、まずはこのしんどい期間を乗り越えなければ、副業で稼いでいくことはできません。

それなら、できるだけこのしんどい期間を短縮したいものです。次から、副業を軌道に乗せるまでの期間を短縮するポイントについて、お伝えします。

5

STEP1 作業時間を確保する

1章でもお話しした通り、副業において非常に重要なのが、作業時間の確保です。副業の場合、ただでさえ本業に時間も体力も使っている中で、新たに慣れない仕事をしなければなりません。

副業といっても、1日30分などの片手間で稼げるほど甘い世界ではありません。副業でも本業でも、ビジネスである以上、その厳しさは変わらないのです。

僕は独立するまで、平日は最低3時間、土日は予定がなければ8時間は副業に割きました。これだけの作業時間を捻出するために、さまざまな取り組みをしていました。その中で特に有効だった方法を、ご紹介します。

これで完璧！　時短技3選

■固定時間の見直し

あらゆる時短を試みましたが、その中でも特に有効だったのは、引っ越しです。会社の近くに引っ越して、通勤時間を大きく削減しました。具体的には片道1時間近くかかっていた通勤時間が5分程度になり、これが本当に副業の作業時間を作ってくれました。会社を出て10分後には家で副業を開始できるし、朝に家を出る時間も1時間近く遅くなったので、多少夜遅くまで作業しても睡眠時間を削らずにすみます。

もちろん事情があって引っ越しできない人も多いと思いますが、通勤に1日1時間以上時間を使ってる方はぜひ検討してみてください。手間やお金もかかりますが、リターンがとても大きいです。

■便利家電が余裕を生む

副業のために引っ越しをするのはなかなかハードルが高いと思いますが、便利家電を導入することで時短を図ることもできるでしょう。仕事を任せ、自動化することで、時間だけでなく、負担を減らすこともできます。

例えば、これらは定番ですが、絶大な効果があります。

- **ルンバの導入　➡掃除時間の短縮（掃除の自動化）**
- **食洗器の導入　➡手洗いの負担をなくす**
- **乾燥機つき洗濯機の導入➡洗濯物を干す時間の省略**

以上のように、便利家電で家事の時短を図り、浮いた時間を副業の作業時間に充てることができます。

■シンプル化と便利アイテムによる時間短縮

便利家電もハードルが高い場合は、シンプル化や便利アイテムを生活に導入しましょう。ここでは、食事を例にお話しします。

栄養を損なわない程度に食事をシンプルにすることでも、時短が図れます。ご飯だけ炊いておいておかずは買ってくるとか、簡単に作れるメニューにするとか。食べることが好きな人が無理に食事をシンプルにする必要はありませんが、あまり食事にこだわらない人であれば、食事に関する時短は作業時間の作りどころです。

調理手順で時短をしたいという方は、個人的に「電子レンジパスタ調理器」がおすすめです。

すきま時間の有効活用

すきま時間は、うまく使えば貴重な作業時間になります。短時間で何ができるのか……と思うかもしれませんが、時間が制限されているからこそ、かえって作業に集中できるのです。会社勤めをしていると、なかなか新たに時間を作ることは難しいと思います。すでにある時間を有効に活用し、副業の作業時間を捻出しましょう。

■常に副業のことを考える

パソコンの前にいるときだけが副業の時間ではありません。いつでも副業について考えていることが、大事です。
歩いていてもトイレに入っていても、「次はこうしてみたらどうだろう」「今度あの人に話を聞いてみよう」と脳内作戦会議をしましょう。

極端な話、妄想でも構いません。とにかく四六時中、副業のことを考える。これで今後の計画がまとまったり、思わぬアイデアが湧いてきたりします。

■通勤時間

通勤時間は、非常に重要な副業時間となります。

僕は会社の近くに引っ越してしまいましたが、引っ越す前は1時間ほどかけての自動車通勤でした。運転している間、ブログのアイデア出しをしたり、スケジューリングを考えたりしていました。

電車通勤の方も、多くのことができると思います。参考書籍を読んだり、スマホでサイトをチェックしたり。座ることができれば、それこそPCでガッツリ作業できるかもしれません。座って作業するために早めの電車に乗るというのも、非常に有効です。その分会社の最寄り駅に早くに着くので、カフェでモーニングでも食べながら作業するというのもいいですね。

■（番外）朝活

早起きして朝活をしましょう。

なぜこれが（番外）なのかというと、僕は当時、全くできていなかったからです。「僕がやった取り組みの中から特に有効だったものを紹介する」ということを書いておきながら、すみません。

でも、朝型にシフトした今となっては、この朝活の素晴らしさがよく分かります。「副業時代に朝活できていたら、もっと有効に時間が使えたのに……」という自戒をこめて、入れておきました。朝活、とてもおすすめです。

6 STEP2 やみくもに作業せず、しっかりPDCAを回す

ＰＤＣＡサイクル、社会人なら一度は聞いたことのある言葉だと思います。ＰＤＣＡとは、Plan（計画）→Do（実行）→Check（評価）→Action（改善）の４つの段階を意味します。最後のActionが終わったら、また次のPlanに入り、ＰＤＣＡを繰り返しぐるぐる回すことによって、業務を継続的に改善する手法です。

同じことをただ繰り返してはいけない

「コツコツ頑張ろう」と聞くと、ただひたすら同じ作業を繰り返す人がいます。僕も初めのうちはそうでした。ただひたすら毎日記事を更新していただけです。特に何も考えずに作業をしていても、初めの頃ならそれなりの学びがあります。「あ、このボ

タンを押すと太文字になるのか」といった感じで。全く新しいことを始める場合、全てが学びにつながるため、無心で何も考えずに作業に取り組んでも差し支えありません。

しかし、何の戦略もなしにただ作業していたのでは、すぐ成果が頭打ちになってしまいます。何をやっても学びにつながる初心者の時期は、そう長くは続かないのです。

狙いを定めて仕事をする

PDCAのPは「Plan」です。一つひとつの仕事をただこなすのではなく、「この仕事で○○をやってみる」と計画しましょう。それをやってみて（Do）、その結果どうなったのかを評価し（Check）、よくない点があれば、改善策を練る（Action）。これを繰り返すことによって、どんどん仕事がブラッシュアップされ、収益性が高まります。

僕の実例を話すと、ブログを読んでもらうために初めに考えたことは「如何にしてバズらせるか」でした（バズるとはSNSを介して話題になること）。「これをやったらバズるかな」とあれこれ試行錯誤してみるものの、一向にバズが起きません。たまにほんの少しバズることはありましたが、それが次のバズにつながらない。ここで学んだことは**「バズには再現性がない」**ということでした。

これが分かったら、もうこのバズPDCAを回すことに意味はありません。SNSでバズらせる以外にブログを読んでもらう方法を探していた際にみつけたのが「検索から読んでもらう」という方法です。皆さんも困ったことや調べたい事があった時に、Googleでその内容を調べますよね。そういった「検索でやってくる人たち」に読んでもらおうというわけです。こうして次のPDCA「検索流入」に移行しました。検索流入対策でもまた、さまざまなことを試行しました。あの手この手でやってみて、うまくいくものがあったらそれをとことんやりこむ。これが僕のやり方です。

一つ例をあげると、まとめ記事です。当時は、漫画おすすめランキングのようなまとめ記事が非常に伸びていました。中でも特に長文のページがGoogleで優遇されていたのです。そのことに気づいた僕は、早速真似してみることにしました。

検索上位に表示されているまとめ記事は、どれも「ベスト100」などの長文だったので、「それなら僕はベスト111だ」と、それらを上回る長文ページを作りました。すると、狙いが当たり、なんと検索1位に表示されたのです。

一つうまくいったら横展開

検索結果1位というのは初めてで、ものすごく嬉しかったことを覚えています。狙って獲った1位です。しかも、検索から大量のアクセスが流れ込みました。

「漫画でうまくいったし、だったら次はアニメランキングだ！」

すぐさま僕は、2匹目のドジョウを狙いにいきます。

当時はアニメランキングもベスト30あたりが主流だったので、僕はベスト40の記事を書きました。すると、再び1位を獲得。

この後も漫画アニメを中心に「10巻以内で完結の面白い漫画ランキング」「熱いアニメランキング」と、どんどん横展開していき、ついに月間150万PVにまで伸びました。

PDCAを回していくうちに、ちょっとしたヒットが生まれることがあります。ヒットを飛ばしたら、すかさずその手法で横展開していきましょう。収益化までの道のりを一気に突き進むことができます。

ちなみに余談ですが、僕が「やった！　これで検索流入（SEO）攻略だ！」と舞い上がったこの手法、今では全く通用しません。当時1位だった記事も、今では遠く圏外です（悲しい……！）。

反面教師ですが、上手くいったからといって慢心するとこうなってしまいます。PDCAは回し続けないといけませんね。

7 STEP3 すでに上手くいっている人を観察する

同じジャンルですでに成果をあげている人がいたら、その人のSNSやブログなどをチェックしてみましょう。大きなヒントがたくさん見つかるはずです。

もし、モデルになるような人が見つからなかったら、そのジャンルに関するいくつかのキーワードでネット検索してみてください。上位表示されているページを見ることで、モデルになる人やサイトが見つかると思います。

僕はブログを始めたばかりの頃、大きな収益をあげているブログを片っ端からチェックし、1日50記事以上は読んでいました。それくらい、「上手くいってる人を参考にする」ということに重きを置いていたということです（単純に、人のブログを読むのが楽しかったというのもありますが）。

後発組の非常に大きなメリットが「先人が頑張って辿り着いた答え」を見ながら進

めていけることです。もしもあなたが、これからやる副業の第一人者ならこの戦法は使えませんが、おそらくそうではないはずです。逆に言うと、後発で始めたのにあえて先人を見ない、というのは逆に「そういう縛りプレイなの？」というくらいもったいないことです。ぜひ「後から始めた」ことの強みを活かしていきましょう。

ちなみに僕の場合、うまくいっているブログの記事を読み込んでいると、「なるほど、こういう記事がウケるのか」ということが分かってきます。そうしたら、その分析を基にPDCAを回します。

「これ、いいじゃん」と思ったことは、貪欲《どんよく》にどんどん取り入れていきましょう。

自分で事業を行っている人は、SNSやブログで情報発信していることが多く、中には惜しみなく自分の取り組みを公開してくれている人もいます。そのような情報からしっかり学び、自分の仕事に活かしてください。

一から自分で試行錯誤するより、ずっと早く副業を軌道に乗せることができるでしょう。

8 副業もプロ意識を忘れてはいけない

副業はあくまで仕事、ビジネスです。きちんとプロ意識をもって臨みましょう。

本業にはプロ意識があっても、副業になると途端に甘えた考えになる人がいます。

副業だってれっきとしたビジネスであると認識し、プロ意識をもって取り組むようになってから、僕は一気に伸びました。

僕はもともと趣味でブログを始めましたが、ブログでの収益が増えていき、「このままいけば会社を辞められるかも……」と思ったあたりから、ブログをビジネスとして捉え直したのです。ブロガーやYouTuberの場合、クライアントがいるわけではないので、この辺りは意識的に気持ちを切り替えなければなりません。

ライターやプログラマーなどの場合は、直接クライアントから報酬を受け取ることが多いので、よりビジネスであることを実感しやすいと思います。

しかし、それでも、副業は遊び半分、片手間でやってしまう人が後を絶ちません。クライアントからすれば、本業なのか副業なのかは関係ない。支払う金額に見合うだけのものを出してもらわなければ困ります。

ですから副業ではなく、「もう一つの本業」という意識で取り組むことが大切です。逆に言えば、副業を片手間でやっている人ばかりだからこそ、プロ意識を持つだけで、大きな差別化を図ることができます。

「副業だし、こんなもんでいいか」ではなく「この仕上がりで納品したら、プロとして自分は満足できるのか」と、考えるだけで、大きく差が開きます。

9　停滞したら1ステップ上の人に話を聞く

副業を始めて少し経つと、なんだか停滞した感じになることがあります。

最初のうちは何をやっても新たな発見があり、前に進んでいる実感があったのに、ふと、足踏みしているような感覚になるのです。

階段に踊り場があるように、成長にも停滞期があるのだと思います。このような停滞期には、一歩先を行く人に会いに行きましょう。

副業で月5万円くらい稼いでいる人たちに話を聞くというのは、非常に有効です。

ここで重要なのは、「一歩先を行く人」ということ。ものすごく先を行く人ではなく、自分と同じくらいのレベル感で、だけどすでに結果を出しはじめている人。そういう人に話を聞くと、モチベーションも上がり、やるべきことも明確になります。

いきなり月に何百万円も稼いでいるレジェンドのような人から話を聞いたところ

で、リアリティーがありません。「なんか凄い！」で終わってしまいます。凄い話を聞けたという高揚感は得られるかもしれませんが、凄すぎて、それをどう自分に活かせばよいのかが分からない。テンション上がったはいいけれど、結局、「で、何すればいいんだ？」となってしまいます。

凄い人たちに会うなとは言いませんが、正直、ある程度自分が実績を出してからのほうがいいでしょう。

例えば、自分が月1万円稼げたら、10万円稼いでいる人に会ってみる。月10万円を達成したら50万円稼いでいる人に会ってみる。

自分に近い状況の人に話を聞いたほうが、すぐに活かせるヒントをもらうことができ、友人やライバルのような関係にもなることができるでしょう。

僕の場合も、実際にこうやって仲良くなった友達が大勢います。

まずは手を動かしてから

何もしていない状態でとりあえず話を聞きに行くことは、絶対にやめましょう。

もちろん、不安な気持ちは分かります。「本当にうまくいくのだろうか……」と不安になり、すでに結果を出している人から答えを聞きたいという気持ちになるかもしれません。

しかし、相手の方はあなたの先生でもコンサルでもありません。いきなり会いに来て「全部教えてください！」なんて言われても、（面倒な奴が来たな……）と適当にあしらわれるだけです。その時は多少教えてくれても、2回目以降あなたと会いたがることはないでしょう。

貴重な時間をとって頂く以上、相手の方にも「自分と会うメリット」が必要です。どんな小さなことでも構わないので「私はこうやったらうまくいったんですよ！」と話せるようになってから、会いに行くようにしましょう。そうすれば、例え成果がその人より大きくなかったとしても、相手の方にもしっかりとメリットがあります。おそらく「また今度会って、それまでに試したことを共有しましょう」と継続的に会いたいと思って貰えるはずです。

10 人脈を広げてモチベーションを維持する

会社と違い、副業は孤独になりがちです。悩みを共有できる相手や、ともに頑張れる友人がいないと、つらくなってしまうかもしれません。こんなときは、交友関係を広げることが重要です。同じテーマについて話せる相手がいれば、モチベーションが上がり、情報共有をすることもできます。しかし、おそらく本業の人脈を使える人というのはほとんどいないと思います。その場合、新たに人脈を作っていかなければなりません。

「人脈を作る」と書いておいて何ですが、あまり「人脈、人脈」と鼻息荒くしていると、よい人脈を築くことはできません。例えば初対面の人から「人脈を作りたくて来ました！」って言われたら、ちょっと微妙な気分になりませんか？「こいつ、俺のこと利用する気満々じゃね……？」と。そんな人と、仲良くなりたくないですよね。

そのため、純粋に「この人と仲良くなりたいな」「この人面白い！」と思う人と交流して、輪を広げていくのがおすすめです。

ここから先、便宜上「人脈」という言葉を使いますが、これは決して利用できる人とつながるという意味ではなく、「仲間とつながる」という意味で捉えてください。

新たな人脈はＳＮＳで

新たな人脈づくりに活用できるツールが、ＳＮＳです。

僕の場合は主にTwitterでした。自分より一歩先を行く人や感性の合う人を見つけては、Twitterをフォローして、ツイートに「いいね！」する。そして、たまにはリプライを送ります。その人がオフ会やイベントを開催していたら行ってみたり、セミナーをやっていたら受講してみたり。

会えそうなイベントが特になくても、「この人に会いたい！」と思えば、TwitterでＤＭ（ダイレクトメッセージ）を送ることもありますし、リプライなどで「ちょっとお茶とか行きましょうよ」と軽い感じで言ってみることもあります。相手が「いいですよ」と言おうものなら、「いつにしますか？ 僕はこの日程なら空いてます！」とすぐにDMを送ってました。社交辞令かもしれないのですが、そこは気にせず送ります。

これは、Twitterに限らず、InstagramでもFacebookでもできると思います。SNSを使うことで、リアルな場で新しい人と知り合うより、心理的にも物理的にもずっとハードルは低くなります。

■ある程度実績をあげてから

SNSでのコンタクトは、新たな人脈を作る上で非常に有効です。しかし、いきなり連絡をしても「あなた誰？」となってしまいます。連絡を取るにしても、ある程度の関係をまずは築いておかなければなりません。

もちろん少しずつ仲良くなって、打ち解けていくのが正攻法なのですが、ネット上で人間関係を構築するにあたって有効なのが「実績」です。分かりやすい「実績」があると、興味を持ってもらいやすいです。

僕はブログを開始して半年間で30万PVを達成し、「なんか最近、勢いのあるブロガーがいるらしい」とちょっとした話題になりました。そのため、コンタクトを取りたい相手からも認知されていることが結構あったのです。もちろん、僕よりもはるかに凄い相手にアプローチするわけですが、ちょっと面白がって会ってくれたり、「今勢いがある人だから」と話を聞いてもらえたりしました。

ネットで話題になるほどの実績がなかったとしても、プロフィールに書いておける程度の実績は作っておくべきです。

相手にとっても自分と会うことのメリットがある状態にして、会った時に何かしらの情報を提供するとか、「こういうことをやったらうまくいきましたよ」という話ができるようになってからアプローチしたほうがいいでしょう。

全く無名の人が人脈を作るなら

まだ実績のない段階で人脈を作りたいなら、オフ会に参加したり、オンラインサロンを活用するのも一つの手です。

しかしこれも結局、何かしらの実績を作ってからのほうが有効です。実績、実績、とうるさくて申し訳ないのですが、本当にここが重要なんです。

ちなみに、この場合の実績は、しょぼいものでもOKです。例えば「初めて副業で10円稼ぎました」みたいな話で構いません。これだって実践しているからこその実績です。「こんな方法でやってみました」という経験に基づいた話ができます。これだけでも「教えてください」という受け身の人とは異なるポジションを取ることができます。

オフ会やオンラインサロンであれば、まだ何もしていなくても人と会うことは可能です。このような場に参加して知り合いを作りながら実績を積み、一歩先を行く人にアプローチする。そしてまた実績を積み……と、どんどんステップアップしていきましょう（「何の強みもない人が実績を作る方法」については248ページにて解説しています！）。

11 副業解禁と実際のところ

副業解禁！　と言われて久しいですが、それでもまだ、副業禁止の企業はたくさんあります。

副業をするなら、まずは、今勤めている会社に受け入れられるかを把握しましょう。厚生労働省が作成した「モデル就業規則」というものがあります。これは、「就業規則を作る際はこんな感じにするといいですよ」といった雛型や解説を記したものです。このモデル就業規則の中にあった「許可なく他の会社などの業務に従事しないこと」という項目が2018年の改訂により削除され、副業・兼業について下記のように届出制とする規定が追加されました。

第14章　副業・兼業（副業・兼業）※令和2年11月版

第68条　労働者は、勤務時間外において、他の会社等の業務に従事することができる。

2　会社は、労働者からの前項の業務に従事する旨の届出に基づき、当該労働者が当該業務に従事することにより次の各号のいずれかに該当する場合には、これを禁止又は制限することができる。

①労務提供上の支障がある場合

②企業秘密が漏洩する場合

③会社の名誉や信用を損なう行為や、信頼関係を破壊する行為がある場合

④競業により、企業の利益を害する場合

しかし、中にはいまだに副業を禁止したままの会社もあります。とはいえ、就業規則はあくまでその会社でのルールであって、就業規則を破ったからといって、法律に違反するわけではありません。ちなみに、実は、企業が個人に対して就業規則などで副業を禁止することは法律で認められていません。

副業が禁止されている会社で隠れて副業をしていたとしても、法的には問題ないのですが、会社からは厳重注意を受けたり、場合によってはペナルティを科せられたりするかもしれません。また、「副業中に発生した通勤災害」や「社会保険の取り扱い」など、勤務先に副業をするという届け出を出さないことで生じるトラブルもありますので、注意する必要があります。

しかし、正直、僕個人の思いをいうなら、副業は何が何でもやるべきだと思います。なぜなら、会社はあなたの人生に責任を持ってくれないからです。もちろん会社側としては、本業だけに精一杯取り組んでくれる方が嬉しいでしょう。会社の業務以外のことに労力を使われては困ります。

では、もしもその会社が潰れたら？　潰れるまではいかなくても、出ていかなくてはいけなくなったら？

副業に真剣に取り組んでいれば、いざそうなっても、別の収入源やスキルが身についているかもしれません。しかし自分が「その会社でしか通用しない人材」だった場合、マジで人生詰みます。何度も言いますが、そうなったときに会社は何も助けてくれません。逆に言うなら、そうなっても助けるつもりもないのに、副業を禁止している会社の方がどうかと思います。

もちろん副業をしなくても、人材としての価値を高めたり、スキルを習得していくことは可能です。しかし、今よりも自由になりたいのであれば、副業は必須です。何とか副業をやる手段は無いのか、どうしても無理な場合は、副業が出来る環境に移動できないか、ぜひ真剣に考えてみてください。

第3章

退職から成功までのロードマップ

1 ブログを6年間書き続けたら起こった7つのこと

「継続は力なり」。これは成功するためにも言えることです。

初めのうちは慣れない仕事に戸惑うし、思うように成果の出ない日が続きます。しかし、めげずにコツコツ続けていくうちに、少しずつ少しずつ成果が出はじめ、さらに継続することで、加速度的に人生が変わります。

僕も実際そうでした。副業としてブログを始めて、6年間書き続けることで、人生に大きな変化が起こりました。本章では、僕が会社を辞め、フリーランスとして活動してきた過程で学んだことを中心に、書いていきます。

①会社を退職

僕の人生における最大の転機です。会社を辞めるためにブログを頑張ったと言っても過言ではありません。「会社を辞める」というのは、僕にとって非常に大きなモチベーションになっていました。

特別なブラック企業ではないにもかかわらず、当時本当に会社に行くのがつらくて、毎朝「今日も会社に行かないといけないのかぁ……」と落ち込んでいました。

特に連休明けは憂鬱で、かといって辞めたり転職する勇気もなく、「不可抗力で休めないかなぁ。トラックとか突っ込んできてくれたらいいのになぁ」と思っていた時期もあります（少々病んでいますね……）。しかし、ブログを書いていくうちにどんどん収益が増え、書き続けること3年。ついに会社を辞めることができました。

最後のほうは、手取り18万円で働いていたのに、ブログの副業収入が100万円を超えている状態に。ブログ運営を通じてWEBマーケティングの知識もついてきて、「うちに来ませんか?」と言ってくれる会社まで出てくるようになりました（当時は毎日のように「仕事辞めたい！」「仕事つらい！」などとツイートをしていたので、それを見たWEBマーケティング会社の人事の方が声をかけてくれたみたいです）。

すでに独立してる友人からも「困ったら仕事発注できるよ」「食いっぱぐれたらうちで雇ってやるよ」と言って貰えることも増えて、「あれ？　会社辞めても、どうにかなるかも？」と思うようになりました。ビビりな僕もようやくここで退職を決意。石橋を叩きすぎとよく言われますが、僕はそれでいいと思っています。人生における「大きな決断」に準備しすぎということは無いと思うからです。

②専門知識や実践的な能力の獲得

あまり自覚はありませんでしたが、気づけばかなりWEBマーケティングに詳しくなっていました。ブロガーというのは、本当にさまざまなことをやります。

サイトを自分で作って、カスタマイズして、アクセス解析する。CVR（Conversion Rate：成約率）の改善をして、ブランディング戦略を立てて、SNS運用もする。 Instagramやって Twitterやって、Facebookもやるし、YouTubeもやる。中には、デザインまで自分でやる人もいます。アイキャッチ画像を作成したり、バナーを作ったり。これだけやれば、かなりのスキルが身につきます。

ブロガーに限らず、自分で仕事をしていると、意外なほど多くのスキルが身についていくものです。しかし、その自覚がない人が実に多い。ぜひ、きちんとスキルを認識してください。

そして、一つひとつの作業を、ただなんとなくやるのではなく、「これはマーケティングの勉強になっているな」「これはブランディングにつながっているな」と意識しながらやっていきましょう。そうすることによって、自分のスキルを把握し、さらに伸ばしていくことができます。

③法人化して世間体が良くなった

仕事を辞めて1年後に法人化しました。恥ずかしながら特に大きな志があったわけではなく、法人化の決め手も支払う税金が安くなるからでした。

それでも、社長になったことで、周囲の態度は分かりやすく変わりました。これまで「あんたまだフラフラして」「ちゃんと会社に勤めて頑張らなきゃダメよ」と言っていた親戚も、会社を設立して代表取締役社長になったと言った途端「立派になったわねぇ」と。やっていることは全く同じなのですが……。

世間体という意味では、法人化して社長になるのは、効果抜群です。結婚するとき、相手のご両親に挨拶に行きますが、やはりフリーランスよりも社長のほうが安心してもらえます。別に、法人化したところで何も変わらないのですが、周囲からの目線は変わります。結婚を控えている人やご両親を安心させたい人は、法人化するといいかもしれません。

④SNSにおける影響力の増加

発信活動を続けているうちに、Twitterのフォロワーが10万人になりました（2021年2月現在）。フォロワーが増えると、影響力がつきます。10万人にリーチできるというのは、今後、何か新しく物事を始める時にとても有利です。

また、僕自身がとても気に入っているのは、困っている友人のヘルプができること。

友人が良いサービスを作っているのに必要な人へなかなか情報が届かないときには、クリック一つで拡散を手助けできます。

フォロワー10万人というのは、もちろんブログを6年間続けたからといって自動的に増えたわけではありません。しかし、Twitterで発信するのもフリーランスでの活動には欠かせないもの。仕事の一環として取り組み、コツコツ続けているうちに、気づけばフォロワー数が10万人にも達していました。これは、自分にとって、とても大きな資産だと思っています。

⑤各分野の第一線で活躍する方とつながれた

旅人、ライター、占い師、カメラマンなど、ユニークな人や凄い人と知り合いになることができました。これは、会社員時代ではあり得ないことです。

自分でも「よくこんな人とお知り合いになれたよなぁ」と感心してしまうのは、議員や税理士、弁護士の方などです。あと、パイロットやキャビンアテンダントの方ともつながりができました。

ブログを始めていなかったら、絶対に縁のなかった人たちです。しかし、ブログで結果を出すことで、ブログに興味を持った人たちが、僕にも興味を持ってくれました。

その人たちがブログ運営で困っていたら、僕が助けてあげることができます。そして、相手の得意分野で困ったことがあれば、今度は逆に僕が助けてもらうことができます。「ブログを教えるから、プロフィール写真撮ってよ」といったように。

また、交友関係が広がると「こんな人探してるんだけど、知り合いにいない？」というような状況でも役に立つことができます。依頼主からすると信頼できる発注先を見つけることができて、受注側も新しい仕事が見つかる。僕は一つメッセージを送るだけなのに両者から感謝されるという「三方よし」になります。

フリーランスとして活動すると、このように、さまざまなジャンルの人たちに出会う機会を得られます。お金のやり取りの有無にかかわらず、困ったときにちょっと相談できる、自分も相談に乗ってあげられる。そういう心地よい関係を持つことができるのです。

⑥心から尊敬する人、気の合う友達がたくさんできた

心から尊敬する人、気の合う友達がたくさんできました。

普通、社会人になると、なかなか人間関係に広がりを持たせることは難しいと思います。人間関係が、どうしても会社や取引先に偏ってしまう。

しかし、副業を始めることで新しいつながりやコミュニティができ上がります。

大人になってから気が合う友人や心から尊敬できる人ができるというのは、とても貴重なことです。得てきた収益よりも、この新しい人間関係のほうが人生を豊かにしてくれていると感じます（しかも、この人間関係がきっかけでさらに稼げるようになっていきます）。今後もずっと仲良くしていきたいと思っていますし、これから新しい誰かと出会って仲良くなるのも楽しみです（もしかしたら、これを読んでるあなたかもしれませんね）。

⑦彼女ができて結婚した

ブログがきっかけで付き合った彼女と2年の交際の末、結婚しました。

実は、こういったことは僕の周りではあまり珍しくありません。ブログに限らず共通の趣味や志を持った人は、相性が良いことも多いようです。ブロガー同士で付き合うことになった、なんて話はもう何十件も聞いています。

先ほど、新たな人との出会いが増えると書きました。出会いが増えれば、友人も増えるし、そこから恋人に発展する機会も増えていくということです。

非常に個人的なことも含め、僕自身に起こった7つの出来事を書きました。これは、僕に限らず、皆さんにも当然起こりうることです。自分で仕事をすると、知識やスキルが身につき、交友関係も広がっていきます。

とはいえ、それも、コツコツ努力をすればこそ。月並みですが「継続は力なり」です。

2 会社を辞める前にやるべき3つのステップ

会社を辞めたいと思ったとき、それを周囲の人に相談すると、いろいろなことを言われます。

「世の中そんなに甘くない」
「会社は辞めないほうがいいよ」
「不安定だし、危ないよ」

僕も会社を辞める際に散々言われた言葉です。

しかし、はっきり言わせてもらうと「そんなこと、知っとるわ！」って話です。不安定になることなんて、他人から言われなくても重々承知です。なんせ当事者ですから。誰よりも真剣に「今の仕事から抜け出す」ことについて考え続けてきたわけです。

僕は毎晩、「明日仕事イヤだなぁ」と思っていました。そんな夜を30年も40年も繰り返して過ごしていくのが本当にイヤだった。

今、この本を読んでいる人の中にも、会社を辞めたいと思っている人がいるでしょう。だからといって、別に「辞めてもまぁなんとかなるでしょ」と、舐めてかかっているわけではないと思います。辞めたら今の安定を手放すことくらい重々分かったうえで、それでも何とかして今の環境を変えられないかと悩んでいるはずです。

僕は、会社を辞めてフリーランスになりましたが、しんどい現状を打破する道は、会社を辞めてフリーランスになるとか、起業するとか、それだけではないと思っています。

閉塞感や絶望感を感じずに毎日暮らすことができればいいわけで、それは決して不可能な事ではありません。そのためにやるべきことを3つのSTEPで紹介していきます。

とはいえ、今すぐ何とかなるというほど簡単なものでもありません。しっかりと目標を見定め、着実にそこに向かっていくことが大切です。

3 STEP1 不満点を洗い出す

つらい現状を変えるためには、不満点の洗い出しが必要です。何に不満を持っているのかが分からなければ、事態を改善しようがないからです。

不満点を明確にしないままいきなり会社を辞めたり転職したりすると、結局、同じことの繰り返しになってしまいます。**フリーランスになるとか転職するというのは、あくまで手段にすぎません。大事なのは、その目的です。**何のためにフリーランスになるのか、転職するのか。それを見つけ出すために、まず、この不満点を洗い出しましょう。

今の仕事の何に不満を持っているのだろう、どんな時にストレスを感じるのだろう。仕事や会社に対してイヤだと感じている部分を書き出していきます。

■ 人間関係が不満

上司のパワハラ、セクハラがひどい、同僚とうまくいっていないなど、人間関係がイヤで会社を辞めたいという人も多いでしょう。人間関係がうまくいっていない場合、もちろん、フリーランスになるというのも選択肢の一つではありますが、転職でも環境を変えることは可能です。

場合によっては、転職しなくても、別の部署への異動願を出すという選択肢だってあるでしょう。

■ 給料が少ない

給料が少ないことを不満に感じている場合、

- **資格を取ったり出世したりして、今の会社で給料を上げていく**
- **転職する**
- **副業する**
- **フリーランスになる**

といった選択肢が考えられます。

ただし、副業をしようとしても、今の会社の仕事が忙しくてできないこともあれば、そもそも会社が副業を禁止していることもあります。

また、フリーランスの場合、今より収入が高くなる保証はありません。

■自由がない

僕の場合は、この「自由がない」が理由で会社を辞め、フリーランスの道を選択しました。

でも、フリーランス以外にも、リモートワーク中心の会社に転職するといった選択肢も充分考えられます。

特にコロナ以降、リモートワークが増えています。リモートワークが中心の仕事や、週3～4日の出勤でいいという条件であれば、フリーランスにならなくても、ある程度の自由が確保できるでしょう。

■やり甲斐がない

やり甲斐がないという不満を持っている人もいると思います。今の仕事に全く意義を感じられない、と。

この場合、少し問題の深掘りが必要です。そもそも自分が何にやり甲斐を感じるのかを把握しなければなりません。95ページの項目で紹介した自己分析におすすめの書籍をぜひ読んでください。自分は何が得意なのか、何をやりたいのか、ヒントが見つかると思います。

もちろんいきなり「自分の使命」のようなものが見つかるわけではありません。なんとなく当たりをつけて、実際にそれをやってみて、ダメだったらまた別のことをやってみて……とトライ＆エラーで進めていってください。

もしかしたら、それは今の会社でもできるかもしれません。

よくある代表的な不満点についてあげてみましたが、他にもさまざまなことに対して不満を感じていると思います。このように、どこが不満なのか、何にストレスを感じているのかを書き出し、明確にしましょう。それが、会社を辞める前にする最初の一歩です。

妥協できるポイントを探す

不満点の洗い出しと同時に、妥協できそうな点も探してください。

不満な点をあげていると、止まらなくなってどんどん出てくる……そんな状態になることがあります。それこそ、近くに美味しいお店が少ないとか、コーヒーサーバーがないとか、課長が自分のTwitterをフォローしてくるとか。数えだしたらキリがなくなるのが不満というものです。

しかし、それら全てをクリアすることは、なかなか困難です。なので、「まぁ、ここは妥協してもいいかな」という妥協点についても考えてください。妥協点がなかなか見つからない場合には、解消したい不満点に優先順位をつけてもいいでしょう。

例えば、「忙しい」と「収入が低い」を比べた場合、どちらを優先するか。

もし、将来的にセミリタイアしたいのであれば、「今は忙しくてもいいから、とにかくお金を稼ぎたい」となるかもしれません。「今はとにかく収入だ」ということであれば、職種や副業の選択肢も絞られ、道が明確になります。

逆に、「給料は少なくてもいいから、もっとゆとりある生活をしたい」という人もいると思います。すると、リモートワークや週3～4日の仕事といった選択肢になるでしょう。その分、給料が下がることについては妥協できるなら、きっと仕事が見つかると思います。

このように、自分の不満やストレスを書き出したら、妥協できる点についても書き出していきましょう。ちなみに、僕は上司がTwitterをフォローしてくる会社はかなり嫌です。

4 STEP2 目標を定める

STEP1では不満点を書き出しました。次は、その不満を改善する方法について考えていきます。

何をするかというと、目標を定めます。

不満について、「イヤだ！」と言ってみたところで、何も変わりません。そうではなく、不満を解決または改善するための目標を定め、それに向けて着実に歩き始めましょう。

目標を定めると聞くと、やみくもに「この資格取ります！」とか「プログラミングを勉強します」「英語学びます」「ブログ始めます」と言う人がいます。もちろん、資格を取っても勉強してもよいのですが、それが本当に不満の解消につながるのか、よく考えてください。

目標ありきで考えないようにしてください。自分が書き出した不満を解消、改善するための行動、それが目標になるのです。

フリーランスを目標にすべき？

一つ注意してほしいのが、必ずしも会社員を辞めて独立、フリーランスになることが目標になるわけではないということです。

不満点によっては、会社員のままでも解決できることだって充分あり得ます。正直なところ、フリーランスは人によって向き不向きがあります。なかには、会社員のままでいたほうがうまくいく人も大勢いるのです。

不満点について考察し、自分は独立したほうがいいのか転職したほうがいいのか、職種を変えたほうがいいのかそのままさらに経験を積み重ねたほうがいいのか、判断しましょう。

個人的には、若くて養う家族のいない人については、一度フリーランスを経験してみるのもいいと思います。会社員とフリーランス、双方の働き方を知っているというのは、大きな経験となりますから。

もし、フリーランスになってみて、キツイと感じても、若ければ再トライがしやすいですし、独身であれば多少ニートの期間があっても他人に迷惑がかかりません。

これが、子どもが3人いるとか、ある程度年齢を重ねている人の場合、そう簡単にはいきません。給料が安ければ家族を養えませんし、若くないと面接にさえ呼んでもらえないこともあります（もちろん、家族からの理解を得られているのであればどんどん挑戦してよいと思います）。

しかし、独り身の若者であればどうにでもなるので、フリーランスを試してみたいなら、一度やってみればいいと思います。無責任な言い方かもしれませんが、これは本心です。

「世の中そんなに甘くないぞ」と周りの人は言うでしょう。しかし、それこそ無責任な発言です。その言葉に従ってブラック企業に残り、心身を壊してしまっても、言った人は何の責任もとってくれません。

転職するにしろ、フリーランスになるにしろ、最後は自分で決めるべきです。

そのためにも、しっかりと目標を定めましょう。

5 STEP3　目標達成のためのスキルを身につける

ＳＴＥＰ２で定めた目標に向けて、達成するためのスキルを身につけましょう。

３つのステップの中で、ここが一番の難関です。もちろん、すでに必要なスキルを持っている人に、このステップは不要です。目標に向かって、どんどん行動してください。しかしおそらく、この本を読んでいる人の多くは、特段のスキルを持っていないからこそ悩んでいるのだと思います。

転職するにせよ、フリーランスになるにせよ、スキルの習得は避けて通れません。何もしないまま環境だけがうまいこと変わってくれるなんてことは起こりません。

自分の市場価値を高めていく必要があるのです。例えば転職をしたいと思ったら、希望する転職先で必要とされるスキルは何か、取得すると有利な資格は何か、積んでおくべき経験は何かを調べ、それらを身につけていきます。

もし独立したいのであれば、自分のどのスキルを使って独立するのかを考えます。例えば動画編集で独立したいなら、動画編集で独立するためにはどのレベルのスキルが必要なのか、ここをはっきりさせる必要があります。

何のスキルがどのくらい必要かを書き出しましょう。Excelやスプレッドシートなどで一覧表にするのも非常におすすめです。

今の会社で働きながらスキルを習得できるか

リストアップしたスキルは、今の会社で働きながらでも身につけることはできますか？　会社の仕事を通じて学べたら最高です。さすがにそれは無理でも、ある程度時間に余裕があり仕事の後や休日に学べれば、問題なくスキルを伸ばしていけると思います。

分野によっては、一度転職して新しい会社で学ばせてもらったほうが早いかもしれません。その場合には、スキル習得のためと割りきって、給料が低いとか、残業が多いとかいう点には目をつぶりましょう。ある程度の妥協は必要になってきます。

身につけようとしているスキルは、そもそも独学で学べるものなのか、というのも重要な視点です。

もし、独学は明らかに無理なものなら、塾なりオンラインサロンなりに所属して、教えてもらうのもいいでしょう。

プログラミングスクールに入る人も最近増えています。

ただし、安易に「教えてもらえばいいや」と考えるのではなく、まずは参考になるモデルがいないか調べてみてください。学ぼうとしているスキルを使ってすでに独立した人がいるはずです。

そういう人が見つかったら、その人がどのようにしてスキルを身につけ、独立したのか、その人が辿った道筋を参考にする。これが最もおすすめの独学法です。

スキルの習得までにどのくらい時間がかかるのか

そのスキルを何時間くらいで習得できるのかについても、当たりをつけておきましょう。もちろん、習得までにかかる時間には、個人差があります。ここはだいたいどのくらいかで構いません。ざっくり目安として知っておくと、今後の見通しを立てやすくなります。

スキル習得までの時間が分かっていると、1日のうちそのために使える時間で割ることで、いつごろ身につけることができるのかが分かります。

習得まで1000時間必要な場合は、1日3時間の勉強なら1年ぐらいかかります。すると、「1年でそのスキルを身につけて転職しよう」「そのスキルをもとに1年後、独立しよう」と、大体の目処がつけられます。

このように、目標を達成するためのスキルはどうやったら身につくのか、独学でできるのか、何時間ぐらいでできるのかを理解し、一つずつコツコツこなしていくことが重要になります。

スキルさえ身につけてしまえば、不満点の解消は目前です。その道がフリーランスなのか転職なのか、もしくはその会社でもっと頑張ることなのか、それは人それぞれですが、少なくとも何も準備せずに会社を辞めてしまって後悔するということはなくなります。

6 会社を辞めることにこだわる必要はない

僕は会社勤めが本当に苦手で、勤めていた会社の文化とも合わなかったので、退職してフリーランスになる道を選択しました。

しかし、価値観は人それぞれ、幸せの形も人それぞれです。会社を辞めなくても自分にピッタリと合う働き方ができれば、人生は大きく変わります。

会社を辞めても、仕事からは逃れられない

「仕事を辞めたい」という言葉をよく聞きます。僕も以前は、息を吐くように「仕事辞めたい」と言っていました。

しかし皆さん、本当に仕事を辞めたいのでしょうか。大抵の場合、辞めたいのは、

仕事ではなく、今の会社なのではないでしょうか。

今の会社を辞めるのは、簡単です。もちろん、それなりの覚悟は必要ですが、辞表を提出すれば、それを拒否する権利は会社にはありません。もし、パワハラがひどく、相手にしてもらえそうになければ、今は退職代行というサービスもあります。

会社を辞めることは簡単ですが、仕事を辞めるのは、そうもいきません。

仕事を辞める、つまり「働かないで生きる」これができたらどんなに良いかと思いますよね。僕も何度も何度も考えたことがあります。しかし、実際に「働かないで生きる」のハードルはすごく高いです。具体的には「不労所得」が必要になります。

例えば、1億円ほどの株を持っていて、税引き後3％の配当金があれば、年300万円の不労所得が入ります。年300万円あれば、とりあえず生きていくことはできるでしょう。しかし、宝くじに当たることでもなければ、そう簡単に1億円を用意することはできません。年に500万円貯金したとしても、20年かかります。現実的ではありません。生きていくための収入を得るためにも、「仕事」とは長く長く付き合っていく必要がありそうです。

仕事は楽しいほうがいい

どうせ働かなければならないなら、なるべく楽しくできることを仕事にすべきです。楽しいことを仕事にするのが無理なら、せめて「イヤじゃないこと」を仕事にしましょう。

「そんなのできたら苦労しないよ！」と思うかもしれませんが、ここで思考停止して諦めてしまうのは本当にもったいないです。

「セミリタイア」「アーリーリタイア」最近だと「FIRE」という考えがもてはやされていますが、実際にそれを実現した先を考えたことがありますか？

これまで仕事をしていた時間が、丸ごと空きます。つまり、その分、暇な時間ができることになります。最初のうちは、これまでできなかったことを思う存分するでしょう。長期の旅行をしたり、一日中釣りをして過ごしたり。しかし、一通りやり終えたら……、さすがに暇すぎると思いませんか？　もちろん、世の中にはたくさんのコンテンツがあります。ゲームをしたり、本を読んだり、映画を見たり、むしろ消化しきれないくらい！　と思うかもしれません。

しかし、実際にその状態が続くのは長くても1、2年と言われています。皆、ひたすら受動的にコンテンツを受け取るだけではなく、「何かしたくなる」のです。暇つぶしにブログを書いたり、土地を借りて自分たちのキャンプ場を作りだしたり、利益度外視で良いと思ったサービスを作ってみたり。つまり、「自分が楽しいと思う仕事」を始めるようになるわけです。

さて、ここで改めて考えてみてください。もしも、今その「自分が楽しいと思う仕事」でお金を稼ぐことができるなら……。**それはアーリーリタイア後の生活とかなり近いのではないでしょうか？**　もちろん、本当のアーリーリタイアとはお金の余裕が全く違うので、食べていくために利益を出さなければなりません。しかし、「自分が楽しいと思える仕事」を追求する価値は間違いなくあります。

働くのがイヤなのか会社がイヤなのか見極めが大事

「今すぐフリーランスになって、楽しいことを仕事にしなければ」と、焦ることはありません。別に、フリーランスにならなくても、楽しいことを仕事にできるし、イヤなことを避けるのだって可能です。

あなたが「会社を辞めたい」と思っているなら、それは、今の会社がイヤなのか、そもそも働くことがイヤなのか、どちらでしょうか？

■今の会社がイヤなら……

もし、今の会社がイヤなのであれば、フリーランスにならなくても、他の会社に転職するという手があります。フリーランスは、かなり自由が利く代わりに、全てが自己責任です。誰も守ってくれません。逆に会社員は、ある程度守られているし、安定しています。しかしその分、組織に合わせる必要があるため、自由は制限されます。

自由を選ぶか、安定を選ぶか。これは、一人一人の価値観や性格によります。会社員もフリーランスも、向き不向きがあるのです。僕は、会社員に絶望的なほど向いていないので、フリーランスになりました。しかし、だからといって、みんながみんなフリーランスになるべきだとは思っていません。会社員のほうが向いている人も、確実にいます。自分がもし、「会社員でいるのもそこまでイヤじゃないよ」と思っているなら、無理に独立することはありません。自分に合った会社を探すことで、今の状況から脱却できるかもしれないのですから。

■そもそも働くことがイヤなら……

そもそも働くことがイヤな場合、解決はちょっと難航します。

本当に働かずに生きていこうと思ったら、それこそ莫大な資産が必要になります。しかし、そんな資産など持っていない人が大半でしょう。それなら、働かずに生きていこうと考えるよりも、理想的な仕事を探すほうが、現実的ではないでしょうか。

もちろん、すぐには無理でも、あれこれ探し続けていくうちに、少しずつその理想に近づきます。そして、それはそのまま幸福な人生につながっていきます。

理想の仕事探しを、絶対にやめないでください。ずっと追求し続けてください。

僕の場合は、自分の強みを活かして、自分が心から楽しめて、自分が尊敬している好きな人たちと行う仕事が理想です。今はまだ「これは自分がやらなくていいかも」「この部分は楽しいけど、この部分はつまらないな〜」と思うことも多々あるので、その割合を減らしていきながら、それでもしっかりと成り立つ事業を目指します。

Column

ここがイヤだよ元弊社

「仕事辛いよ〜〜！」「辞めたいよ〜〜！」「会社行くの嫌だよ〜〜！！」などと散々言い続けてたきた私ですが、具体的に何がどうイヤだったのかを、改めてお話ししようと思います。

先に弁明をしておくと、直属の上司や先輩、同期の皆にはとても良くして頂きました。本当です。嘘じゃないです。なので万が一この本を読んでいて「あれ、こいつ退職した◯◯じゃね！？」などと勘付いても呼び出したりしないでください。よろしくお願いいたします。

というわけで、いってみましょう！　ここが嫌だよ！　元弊社！

1：謎に根強い「年功序列」

それなりに歴史のある会社ということもあり、年功序列が凄まじい。まず給料に「年齢給」という項目があります。読んで字の如く年齢に応じて加算される給料で、成果とか関係なく、なんと年を取るだけで給料上がる！　何それ凄い。

結果、めっちゃ高給取りなのに1日中マインスイーパしてるおじさんとかが現れます。架空の存在ではありません。「あの遊んでるだけのおじさんが、せかせか働いてる自分の4倍くらい給料貰ってる」という事実が、勤労意欲を大きく削ぎます。

そして圧倒的に「事なかれ主義」な空気です。新しいことに挑戦したがる人は稀です。だって、何もしなくても給料上がるもん。

正直、終身雇用前提なら社員としては悪くないシステムだとは思うんですが、今時退職まで1つの会社に居続けることなんてほぼ無いですよね。若手の自分にとってはただただモチベーションが下がり続けるだけでした。

2：「残業＝頑張ってる」という価値観

なんなのコレ本当。「残業してる＝頑張ってる」「休日出勤＝エラい！」。この価値観、謎です。謎でしかない。普通に考えて、終業時間内でやること終わってる方がエラくない……？

挙句の果てに「同期の○○は残業して頑張ってるぞ。お前はいいのか？」とか言われる始末。当時は「はい、すいません……」とやることも無いのに残業してたけど、独立した今なら言える。

「いい！　同期が残業してようが、お前は帰っていい！！　帰ろう！！！」

3：やけに多い会議。会議会議。そして会議

とにかく会議が多い。何をそんなに話すことがあるんだ？　ってくらい会議をする。チャットで良くない？　って内容も即会議。そして長い。そのわりに何も決まらなかったりする。もうわけわかんない。

この会議の目的はなんなんだろう……？　と思うことばかり。最早「会議をすることが目的なのでは……？」と疑わざるを得ないレベルでした。

たぶん僕が偉くなって「会議減らしませんか？」と提案しても「なるほど、それでは減らすためにはどうすべきか会議しましょう」とか言われると思う。

4：上がらない給料

会社に入ってすぐは、残業無しだと手取りが大体16万円くらいでした。

これ自体はそんなもんだろうなぁ、と思っていたのですが、入社3年目に初の昇給、その金額は「2万円」です。……あれ？　このペースだと30歳超えてようやく手取り20万とかなんだけど……。

もちろんずっとこの昇給ペースではありません。しかし、始めに書いたように年功序列制なので、しっかり上がりだすのが40歳を超えたあたり。終身雇用でずっと勤めるならまだわかりますが、流石に厳しいです。ちなみにどれだけ成果をあげても、勤続年数の条件をクリアしないと昇給はしません。だって、年功序列ですから……。

ちなみにですが、3年半勤めた会社の退職金は3万円でした。マジかよ。

コラムとか言っておきながら、完全にただの愚痴でした。すいません。

とはいえ、同じようなことに苦しんでいる会社員の方は多いのではないでしょうか？（特に若手の方）。その気持ち、わかる。最早わかりすぎて辛いです。僕も「会社に隕石が降ってくればいいのになぁ」と思ったことは1度や2度じゃありません。

しかし、残念ながら会社に隕石が降ってきて、敷地一帯を木端みじんにしてくれる確率はとても低いです。となると、もう自分が動くしかありません。この本が、そのような環境から抜け出す第一歩を後押しできれば嬉しいです。

最後に、重ね重ねになりますが、万が一この本を読んでいて「あれ、こいつ退職した◯◯じゃね!?」などと勘付いても、決して呼び出したりしないでください。何卒よろしくお願い申し上げます。

第4章

凡人くんのお金革命

1 お金の不安から解放されるには「知る」ことが大事

お金の不安は程度の差こそあれ、誰もが抱えているものです。もちろん僕自身もそうでした。「このままで将来大丈夫なのだろうか？」「もし仕事を辞めて稼げなかったら、生きていけるだろうか？」「子供が生まれた場合は、やっていけるだろうか？」と何度も悩んだものです。

しかし、現在は以前ほど大きな不安を感じていません。お金の不安を和らげる方法がわかったからです。その方法は、**お金について「知る」ことです。**

例えば、1年分の生活費を考えてみましょう。「1年分」と言っても、それはご家庭によってバラバラでしょう。15万円でやりくりできるなら180万円あればいいけれど、家賃や子どもの教育費などで毎月30万円はかかるようであれば360万円になります。

ここで「それなら、自分は〇〇〇万円貯金すればよいんだな」と具体的な数字が出てきましたか？　おそらく、お金に不安を抱えているほとんどの人は出てこなかったと思います。なんとなく「300万円くらいかなぁ」と考えた人も、その内訳まで正確に答えられる人は少数でしょう。ここに、「お金の不安」の大きな原因があります。**そもそも、いくら必要なのかわかっていなければ、どれだけ稼ごうが不安なままです。**

もちろんお金はあればあるだけ良いです。とはいえ、お金が無限に湧いてくることはありません。つまり、いくら稼げばいいのか、いくら貯金すればいいのか以前に、「そもそもいくら要るのか」ここを把握する必要があるのです。

自分は最低限いくらあれば生きていけるのか。会社を辞めた後はどんな補助制度があるか。子どもが生まれたらいくらかかるのか。教育費用の平均値はどのくらいか。私立の学校と公立の学校ではどのくらいかかる費用が違うのか。親を介護するとなったら、どのような補助制度があるのか。要介護度に応じてかかる費用はどのくらい変わってくるのか。

過去の生活費と照らし合わせたり、インターネットで調べれば、すぐに答えが見つかります。もしインターネットで調べるのが不安であれば『本当の自由を手に入れるお金の大学』（両@リベ大学長／朝日新聞出版）という本を強くおすすめします。僕自身も執筆協力させて頂いた本で、お金についての知識を体系的に学ぶことが出来ます。

ようは、お金について知らないから、どう対策するべきかわからず、結果漠然と不安になるんです。具体的にいくらかかるのか分かっていれば、それに備えて貯蓄するなり、目的に応じた保険に入るなり、対策を取ることができます。

もちろん、将来のライフイベントを全て把握することはできませんが、把握できるものも多くあるはずです。まずは自分でわかる範囲から、お金の漠然とした不安を解消していきましょう。

通常の生活費と最低限の生活費を把握しよう

フリーランスになるなら、生活費に関しては、これまで通りの生活を送るうえでどのくらいかかるのかといった「通常の生活費」と、生活レベルを落とせばこのくらいでやっていけるという「最低限の生活費」を計算しておくとよいでしょう。

フリーランスの収入は安定しないので、時には厳しい状況に見舞われることもあります。なので、「食費はもうちょっと削れるかも」「もっと狭い家でもいいかも」と、いざとなったらどこまで切り詰められるのかを把握しておくことが大切です。会社を辞めるのですから、田舎に引っ越して家賃を下げられるかもしれません。

家族がいる場合には、どこまで協力を得られそうかも考慮しつつ、ミニマムな生活に切り替えたらどの程度まで生活費を下げることができるのかをシミュレーションしておきましょう。

このシミュレーションをすることで、貯金を取り崩すような状況に陥ったとしても、粘れる期間が長くなります。

お金の不安があるうちは、独立しないほうがいい

お金の不安があるうちは、まだ会社を辞めないほうがいいでしょう。

せっかくフリーランスになっても、お金の不安を抱えたままだと、どうしてもお金

を追ってしまいます。「やりたいこととは違うけれど、即金性があるからこの仕事をしよう」と、お金を基準に仕事を選んでしまうのです。これでは、せっかく会社を辞めたのに、ちっとも自由ではありません。何のためにフリーランスになったのか、分からなくなってしまいます。

- **生活費を把握し、生活費1年分の貯金を作る**
- **将来かかるだろうお金について調べる**
- **自分のやりたいことである程度稼げるようにする**

この3つをクリアすることで、お金の不安はかなり解消されると思います。ここまでできた上で独立すれば、フリーランスの自由を謳歌できるでしょう。

2 固定費の節約＝自動的にお金を守る

僕は「固定費の低さは自由度の高さ」だと思っています。固定費とは、家賃や光熱費のような、毎月コンスタントにかかる費用のこと。この固定費が低ければ低いほど、独立や自由への障壁も低くなります。

例えば、独立するにあたって、オフィスを構えたくなる気持ちは分かります。しかし、敷金礼金の他、毎月の家賃をかけることを考えると、おすすめできません。本当にオフィスは必要ですか？　自分の部屋でもできる仕事ではありませんか？

もちろん、職種によっては自宅での開業が難しいこともあるでしょう。その場合は、シェアオフィスではダメなのか、検討してください。

また、細かいことに聞こえるかもしれませんが、毎月の通信費や電気代の見直しなども大切です。スマホの契約を格安ＳＩＭに変更することで、毎月の料金が８００

0円から2000円になることもあります。電気代も、今は電力会社を自由に選べるので、自分たちの生活に合った安いコースがないか、調べてみましょう。

別に、ちまちま節約をする必要はありません。1円でも安いコピー用紙を買うために遠くのホームセンターまで自転車飛ばして買いに行け、とは言いません。細かな出費はともかく、毎月確実にかかる固定費だけは、しっかり見直しをしてください。

事業がうまくいっているときはいいけれど、苦しくなってきたとき、この固定費がじわじわと効いてきます。

大きな固定費を見直さないまま頑張って稼ぐというのは、穴の空いたバケツに水を汲んでいるようなものです。

固定費見直しチェックリスト

簡単！固定費見直しチェック欄

☑ 家賃や駐車場代

希望条件の相場に比べて
他に安い場所はないのか検討

☑ 水道光熱費

他のインフラ会社のほうが
安くないか確認

☑ 保険料

希望条件で他に安くなるプランはないか、
必要な保険なのか検討

☑ 通信費

不要なプランがないかの確認や
格安SIMに切り替えられないのか検討

☑ 月額のサブスクリプションサービス

使用頻度が少ないものは解約する

☑ 年会費のあるクレジットカード

特典やポイント還元より年会費のほうが
高くなっていないかの確認

3 ストック型の仕事は指数関数的に収益が増えていく

僕は副業としてブログ運営をしてきましたが、ブログは、記事も収益も積みあがっていくストック型の仕事です。ブログだけでなく、YouTubeもストック型の仕事だと言えるでしょう。

ストック型の仕事の魅力は、なんといってもその収益性にあります。

売り切り型の副業とストック型の副業

副業には、売り切り型の仕事とストック型の仕事があります。

例えば同じライティングでも、1記事いくらで請け負うクライアントワークは売り切り型の仕事であり、ブログなどでの情報発信はストック型の仕事です。

時給で稼ぐアルバイトや1仕事いくらのクライアントワークは、収入の見込みを立てやすく、即金性が高いのがメリットです。しかし、その収入はどうしても副業にかけられる時間や労力に依存するため、得られる収入に上限があります。

一方、**ストック型の副業の場合、得られる収入は労働時間に依存しません。**上限も遥かに大きくなります。やはり「自分が手を止めても稼ぎ続けてくれる」というのが最大のメリットでしょう。ただし、どのくらいの収入になるか予想が立てづらく、また、稼ぐまでにどうしても時間がかかってしまいます。

最初の1万円を超えると楽になる

ストック型の仕事は、とにかく初期段階での挫折率が半端ではありません。

というのも、最初のうちは、慣れない仕事を一生懸命頑張っているのに、全然収入にならないからです。時間も手間もかけているのに、それが成果につながらない。全く収入のないまま作業を続け、1ヶ月経ち、2ヶ月経ち……そうこうしている間に、すっかりヤル気をなくしてしまいます。

実は、ストック型の仕事は、ゼロから1万円を稼ぎ出すまでが、一番大変なのです。一番大変な時期が最初に来るため、多くの人は1円も稼ぐことのないまま心が折れてしまいます。

僕自身、最初が一番苦労しました。

最初の3ヶ月間の収益はゼロ。4ヶ月目になってようやく1万円を稼ぐことができました（これでもかなり早い方です）。1日3時間やって、ようやく1万円です。ここで「時給にしたら数十円じゃん」などと計算してしまうと、一気に気分が萎えるので、やめておきましょう。

この最初の1万円を超えると、あとはどんどん楽になっていきます。多少のブレはあるものの、PDCAをきちんと回しながら地道に続けていけば、収益は上がっていきます。ゼロから1万円はものすごく大変なのですが、1万円から2万円にするのは、そこまででもないのです。

指数関数的に収益が伸びる

その後も収益は割と順調に伸び続け、7ヶ月目には5万円に達しました。すると、ここから一気に収益の伸び率は加速しました。1年経つ頃には収益が20万円に、そして、さらに1年後には月100万円に達しました。

最初は全く稼ぐことができなかったのに、腐らずに続けていくと一気に伸びることがある。ストック型の仕事の収益は、まるで指数関数のような動きをするのです。

月に100万円稼いだからといって、月5万円のときの20倍仕事をしているかといえば、そんなことはありません。作業時間としては特に変わらず、毎日時間をやりくりして1日3時間の作業を続けていました。

クライアントワークと違い、**ストック型の仕事は、仕事の量と報酬が比例関係にありません。**働いても働いても収入ゼロの時期があるものの、軌道に乗ってしまえば、作業時間を減らしても報酬は落ちず、頑張ればさらにどんどん収益が増えるフェーズに突入できます。

ヒトデのブログ収益推移グラフ

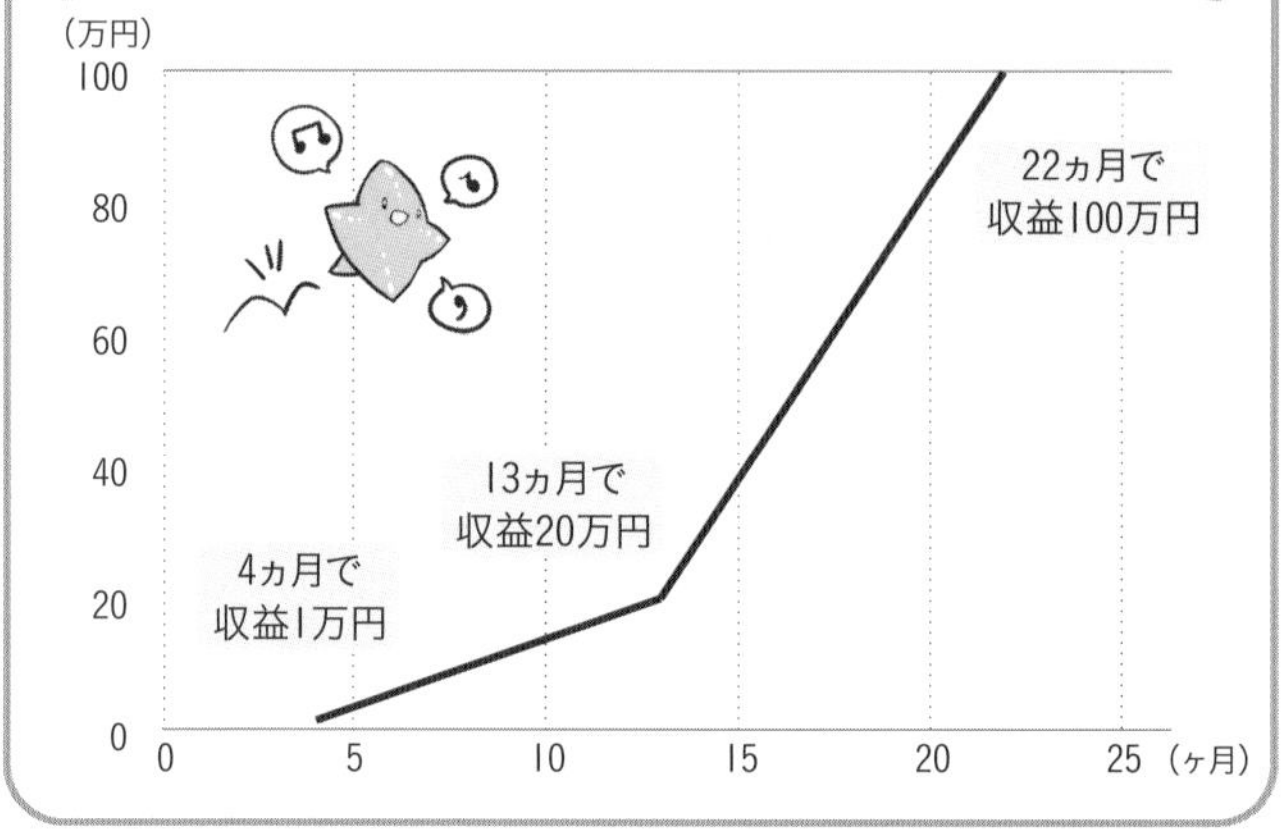

僕は過去に月1000万円稼いだことがあるのですが、その時の作業時間は、1日1時間ぐらいでした。

もちろんずっと安定しているわけではないのですが、楽になっていくことには違いありません。

とにかく最初が一番大変なので、なんとかして、ここを乗り切っていきましょう。

4 成功者に共通する考え方

自分の事業がうまくいくにつれて、成功している人との交流が加速度的に増えました。僕なんかと比べ物にならないくらい高い収入を得ているのに、それでいて僕よりも自由ないわゆる「成功者」が、世の中にはたくさんいたみたいです。ありがたいことに仲良く遊んだり、時にはビジネスの話をしたりすることもあるのですが、そんな中で成功者には2つの「共通点」があることに気が付きました。もちろん人によって成功した過程も本人の性格も全然違うのに、不思議とこの2点だけは全員同じなんです。僕自身、これに気づいてからは、この2つだけは絶対に守ろうと誓っています。

行動が早い

うまくいっている人は、とにかく行動が早いです。何かちょっと話を聞いて興味を持ったら、すぐやります。

スマホでできることなら大抵その場ですませるし、目の前でノートパソコンを取り出す人だっていました。その場でというのは極端だとしても、**「やる」と決めたことは、大抵その日のうちには一歩目を踏み出しています。**

大体の場合、「いつかやろう」と思ったことは、結局やらずに終わります。これは僕にも経験があるので分かります。上手くいってる人にはそれがない。「やる」「やらない」を即決し、「やる」と決めたことの「行動」がとにかく早い（もちろん、全部を最後までやりきるわけではなく、「やってみたけどダメだった！」と即撤退することもあります）。

僕自身、そこまで行動が遅いほうではありませんが、その様子を見てからは「今できることは、今すぐやろう」という考えで過ごしています。

謙虚

成功者や金持ちに対して、威張り散らしているイメージを持っているかもしれませんが、実際には、謙虚な人ばかりです。

しかも、成功度合いが高いほど謙虚さが増している気がします。月100万円程度だと偉そうに振舞う人もいますが、それが月1000万円を超えると、もう皆さん腰が低くて丁寧で、非常に謙虚です。もちろん世の中には威張っている金持ちもいるかもしれませんが、少なくとも僕は会ったことがありません。

威張っていた人が稼いでいくうちにどんどん角が取れて謙虚になったのか、それとも、謙虚な人のほうが成功しやすいのかは分かりません。でも、あの自然でありながら気遣いもでき、場をなごませる振舞いを見ていると、おそらくもともと謙虚な方で、そういう人が成功しやすいのではないかと推測しています。

得意分野でなければ「ヒトデさん、勉強させてください」というスタンスです。まだそれほど稼いでない、年下の若造相手にこの接し方、感動したことを覚えています。ここまで丁寧ではなくても、必ず相手のことを尊重して、決して見下さない人ばかりです。

自分が「凄い！」と思っている人に、そんな風に接してもらったら、もう全力で教えたくなっちゃいますよね。

きっとこうやってどんどん情報が入り、協力したい人が集まり、さらに大きな成功を成し遂げていくのでしょう。

Column

価格ではなく価値で見る

会社員時代と比べ、独立してからはお金に対する考え方が変わりました。

会社員でまだ副業をしていなかった頃は、収入が決まっているので、その中でやりくりしなければなりません。そうなるとどうしても、モノを買うときの基準が「価格」になってしまいます。

どんなに良いモノだと分かっていても、高ければ買えないのです。

それが、自分で稼げるようになってからは、価格よりも大事な基準ができました。そのモノの「価値」です。

たとえ金額が高かったとしても、その金額以上の価値を感じれば、買います。逆に、価値を感じなければ、それがどれだけ相場から安いものだとしても、買いません。

最も顕著だったのは、世界一周クルーズです。夫婦で800万円ほどかかったのですが、あれは今でも非常に満足している買い物です。

旅行に800万円というのは、普通ならとんでもないことかもしれません。しかし、このクルーズによって自分がどのような経験をするか、それが将来にどう影響するかを考え、価格以上の価値があると踏んだのです。

世界一周クルーズに行ったと言うと、金遣いの荒いタイプだと思われるかもしれませんが、僕はどちらかというとお金を使わないタイプで普段の生活はとても地味です。高い車や服、装飾品に興味が無いし、物欲自体そんなに無いし、酒も飲まないし、ギャンブルもしないし、キャバクラのような場所にも行きません。

しかし、自分が何かを体験することには、割と奮発します。

あとは、効率化のためのツールには、お金をかけています。これは、「時間をお金で買おう」という考えです。作業性を上げるためにモニターをもう1台買ったり、ハイスペックなパソコンを買ったり。自分の仕事がもっとよりよくなる、より時間を作れる商品には、出し惜しみしません。

そのお金を使う事で、今後の自分が豊かになれるのであれば、それは価値のある使い方だと思っています。

第5章

凡人くんの発信革命

1 情報発信が全人類にマストなわけ

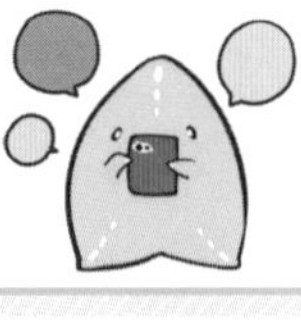

僕は、情報発信は今や全人類がやるべきことだと思っています。少なくとも、今の生活を少しでも良いものにしたいのであれば絶対に始めるべきです。情報発信はコストなしで始めることができるにもかかわらず、メリットがあまりにも大きい。これから先、情報発信をしている人としていない人とでは大きく差が開いていくと確信しています。具体的には次のようなメリットがあります。

1：自分の考えに共感する人たちが集まる
2：より自分に情報が集まるようになる
3：仕事につながることがある
4：「受け取る側」から抜け出せる

1：自分の考えに共感する人たちが集まる

情報発信をしていると、「自分の考えに共感してくれる人」「自分と同じ物が好きな人」「自分と価値観が近い人」が見つかります。もちろん自分で探しても良いのですが、相手から来てくれたら最高にありがたいですよね。そう、自分から発信することで、来てくれるようになるのです。自然と。

情報発信によって得たつながりは、学校や会社と違って「元から好きなものが近い人」同士なので、非常に気が合うことが多い。僕自身、Twitterやブログを通じて多くの人と仲良くなりました。仕事関係だけでなく、プライベートで仲良く遊ぶ友人もたくさんできました。

これから先、どれだけビジネスで成功しようとも、どれだけお金持ちになろうとも、「友達」がいなければ人生は寂しいものです。ある意味、お金以上に重要なことかもしれません。

2：より自分に情報が集まるようになる

これは不思議なことなのですが、情報は発信するとより集まるようになります。

なぜかというと、まずいろいろな人に向けて情報を発信することで読者さんや視聴者さんから感謝されるようになります。人から感謝されるというのは、実に嬉しいものです。嬉しいから、より積極的に情報集めをしたり、発信方法を工夫するようになります。そしてそれ以上に、シンプルに「フォロワーさん（読者、視聴者さん）が教えてくれること」が増えていきます。

それは、日々の情報発信であなたが「GIVE」をしているからです。**あなたからすれば「一つの投稿（一つの記事、一つの動画）」かもしれませんが、それを世界中の人が目にします。**多くの人の目に留まるほど「こんなことを教えてくれるなんてありがたい!!」と思う人がどんどん増えていきます。自分にとって嬉しいことをしてもらったら「私もお返ししたい！」と思うのが人のサガ。もちろん全員がそう思うわけではありませんが、日々の発信の「お礼」として、「いつも情報発信しているあの人が知らなそうなこと」を自分が知った時には、伝えたくなるものです。

また、ある程度フォロワーさんが増えていくと、自分から質問をすれば多くの人が答えてくれるようになります。僕自身、自分に自信のない分野では、いつもフォロワーさんに頼っています（例えば、次頁のようにしたツイートでは、どれも50件以上のリプライを頂きました。いつも本当にありがとうございます！　今となってはフォロワーさんがいないと自分で買うイヤホンもろくに選べません！　そのお返しの意味も込めて、これからも情報発信を頑張っていきます）。

具体的なツイート例

☆-ヒトデ@ブロガー
@hitodeblog

「面白い作品」を作りたい

という想いがあるのに、よく考えたら世間の面白い作品のこと全然知らんわ！！

というわけでこれからできる限り毎日「面白い作品」に触れようと思います

出来ればネトフリかアマプラで見れる「マジでこれだけ見ろ」って作品あったら1つだけ教えてください🙏🙏🙏

午前0:35 · 2018

☆-ヒトデ@ブロガー
@hitodeblog

【ゆるぼ】
おすすめのノイズキャンセリング機能付きイヤホン教えて！！！

とりあえずノイズキャンセリングがしっかり出来る奴が良い

AirPods Proが良いとはよく聞いてるんだけど、アップル製品1個も使ってないのよね。その前提でも1番良いならAirPods Pro買う

☆-ヒトデ@ブロガー
@hitodeblog

【ゆるぼ】
ふと
「とりあえず日本で行ったことない県全部行ってみよー」
って思い立ったので

とりあえず鳥取島根山口辺りをせめようと思うんですが、砂丘と出雲大社くらいしか知識無いので、おすすめの宿とか、ご飯とか、観光地とか是非教えてくださいませませ

温泉好きだから温泉旅館とか知りたひ

3：仕事につながることがある

情報発信をしていると、仕事（ビジネス）につながることがよくあります。もちろんはじめからそれを目的にしてもOKです。特定の分野に絞って発信している場合は特にチャンスがたくさん来ます。

例えば、お菓子が大好きでおすすめのお菓子を紹介しているフォロワー1万人のアカウントがあるとした場合、お菓子会社からすると「お菓子好きな1万人にアピールできる」ことになります。看板やCMではこうはいきません。「特定の分野のフォロワーがたくさんいる人」というのは、宣伝したい企業からすると最高にありがたい存在なのです。これはブログでもYouTubeでも同じことが言えます。

もちろんステルスマーケティング（広告ではないと誤認させておきながら実は広告案件であるといったマーケティング手法）をしたり、信頼を損なう粗悪品を売りつけたりしては、絶対にいけません。でも、好きなことを発信していると仕事につながるということは、覚えておきましょう。

ちなみにもう少し発展すると、「人の商品を紹介する」ではなく「自分で商品を作る」ということも可能です。先ほどの例だと「いろいろなお菓子を食べつくして紹介してきたから、今度は私が考える最強のお菓子を作って通販する！」となったら、これまであなたの発信を見てきた人の多くが、そのお菓子を買ってくれるはずです。本来なら大金のかかる宣伝費を自分の影響力で賄えるので、かなり強力な方法と言えるでしょう。

4：「受け取る側」から抜け出せる

最後に、僕はこれがすごく大きなことだと思っています。

近年、非常に多くのコンテンツに簡単にアクセスできるようになりました。YouTubeやTikTokのようなサービスはもちろん、テレビや映画や本だって面白いし、インターネット上だけでもコンテンツは山のようにあります。もちろんそれを見て楽しむことが悪いとは思いません。

ただ、綺麗事をいうわけではありませんが、**成功するのは「与えることができる人」**です。受け取り続けて成功した人を、僕は知りません。そして情報発信をするということは、「受け取る側」から「与える側」になるということ。口で言うのは簡単ですが、これは、実際にやろうとすると、本当に大きな変化を求められるのです。

情報発信を始めると、迷うことや悩むことがたくさん出てきます。「どんなコンテンツを投稿したらいいんだ？」「記事ってどう書くんだ？」「動画編集ってどうやるんだ？」ただ受け取るのと比べて、本当に面倒なことが多いし、苦労することも多い。

でも、だからこそ価値があります。そうやって苦労して発信をした時、あなたは「与える側」になるのです。より多くの人に与えることができたなら、間違いなくあなたの人生は好転します。ぜひ、受け取る側から、与える側になってみてください。その第一歩として、情報発信をしてみてください。きっと、あなたの人生は好転します。

SNSは人生にとって「何かしらのプラス」になる

発信のメリット

- コンテンツ(記事や動画など)という資産ができる
- アウトプットすることで、自分の考えが整理される
- 仕事や人との出会いにつながる
- 自分の発信内容にファンがつく
- お金を稼げる……などなど

2 ブログのススメ

自分の思いや知識を伝えたり、自分の仕事の成果を伝えたり、自分から情報を発信することで、新たな人とのつながりやビジネスの広がりを掴むことができるとお話ししました。情報発信のツールとしては以下のものがあります。

- **Twitter、InstagramなどのSNS**
- **ブログなどのテキストコンテンツ**
- **YouTube、TikTokなどの動画コンテンツ**

僕は全部やっていますが、特にブログで成功したので、今回はブログについて深掘りします。ただ、SNSやYouTubeでも本質的な部分は同じなので、ブログをやらない人にも参考になる内容になっています。

ブログのメリット

ブログには非常に多くのメリットがあります。その中から代表的なものに絞ってお伝えします。

■副業に最適

ブログは副業に最適です。

会社員が副業にするだけでなく、主婦の方が家事や育児をしながらとか、学生さんが学業の傍らにでも大丈夫です。

また、フリーランスの仕事とも相性がいい。ライターやイラストレーターをやりながらブログを運営するのも、非常におすすめです。

副業をしている人が自分の仕事の成果を発表する場としてブログを使えるだけでなく、そのブログに広告を載せれば、もうそれが2つ目の副業になります。

■ 初期費用がほとんどかからない

ブログは初期費用がほとんどかかりません。

副業としてしっかり運営しようとしたら、月1000円ほどの資金は必要になりますが、全く無料でブログを開設することも可能です。

なので、もし副業としてブログを開設し、うまくいかなかった場合でも、損をすることがありません。

■ 日々の勉強のアウトプットになる

ブログ運営は、日々の勉強のアウトプットになります。

勉強したことや仕事によって得られた知識などを自分の言葉でまとめ、記事としてアウトプットすることで、しっかりと知識や経験を自分の中に落とし込むことができます。

自身のスキルアップをしながら、ブログも成長させることができるのです。

まとめる力、文章力も着実に上がります。文章にまとめる力は、社会人の必須スキル。これは、副業はもちろん、本業にも活かすことができます。

■インターネット関係の知識やスキルが身につく

ブログを立ち上げる過程で、インターネットの知識がある程度身につきます。
また、記事を執筆する際の調査などで、インターネット検索のスキルがかなり上達します。検索なんて誰でもできると思うかもしれませんが、膨大な情報の中から自分に必要な正しい情報を得ようと思ったら、それなりの技術が必要になるのです。
また、ブログを収益化する場合には、インターネットの広告についての知識が身につきます。

このようにインターネット関係の知識やスキルが身につくと、ブログ経由で転職のお誘いが来ることもあります。ブログ運営をしている人にとっては当たり前の知識やスキルであっても、普通の企業では重宝されるようです。

僕も実際、一部上場企業から「もしよかったらどうですか?」と声をかけていただいたことがありますし、ブログをきっかけにWEB系の仕事に転職した友人も大勢います。僕はもう会社勤めはイヤだったので遠慮しましたが、転職を考えている人にとっては、願ったり叶ったりでしょう。自分からアプローチするよりも、勧誘してもらったほうが、良い条件で転職できるはずです。

■家と会社以外のつながりができる

ブログをすることで、家や会社以外のところとつながりができます。これは、思いのほか大きな利点です。

社会人になると、家族や親戚、会社関係の人たち以外との新しい人間関係は、なかなか持つことができないものです。

しかも、ただ新しいつながりができるだけでなく、同じようなことに興味を持つ人、価値観の合う人と親しくなれます。つまり、家や会社以外に心地よい居場所ができるのです。

ブログのデメリット

ブログのデメリットは、特にありません。

もちろん、無理やりデメリットを出そうとすれば、「費用が多少かかる（月100０円程度）」「書くのが面倒」などはありますが、それはブログをやることによって起こるデメリットではありません。

情報発信のためにブログを運営する人にとって、デメリットはないと思って大丈夫です。

ただし、注意点が1つだけあるので、この部分だけは頭に入れておきましょう。

■稼げるようになるまでに時間がかかる

副業としてのブログが難しい点は、これに尽きます。利益が出るようになるまでに、半年くらいは普通にかかるのです。半年かけても全く利益の出ない人もザラにいます。

これは、かなりきついところです。収益が出はじめればだんだん楽になっていくものですが、そこまで耐えられずに辞めてしまう人がほとんどです。

しかし、リスクがなく青天井に稼げる可能性を秘めているのがブログです。たとえ失敗したとしても、失うのは月1000円ほどのわずかなお金。時間的な余裕のある人は、チャレンジして損はないと思います。

このように、デメリットに対してあまりにメリットの大きいブログ。副業をする人は、ぜひブログでどんどん情報発信していきましょう。

3 ブログツールの選び方

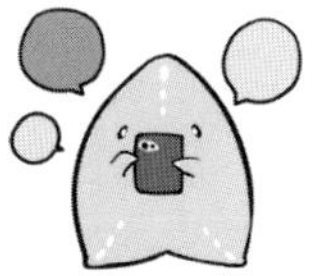

ブログを開設するには、まず、どのブログツールを使うのかを決めなければなりません。

ブログツールには大きく2種類あります。一つはアメブロやライブドアブログ、はてなブログのような無料で提供されているブログサービス。もう一つは、Ｗｉｘや WordPress、Jimdoのような CMS（コンテンツ・マネジメント・システム）です。

それぞれについて、見ていきましょう。

無料ブログサービス

無料のブログサービスには、本当にたくさんの種類があります。

基本的に、このようなブログサービスは無料で使えます。また、設定が非常に簡単で、**初めての人でも、ものの5分でブログを開設できてしまいます。**

ただし、デザインについては自由度が低いものが多いので、注意が必要です。

また、多くの無料ブログサービスは、収益化しようとする際にお金がかかります。これは、その無料ブログを提供する会社の広告や、その会社が仲介している広告が貼ってあるためです。それらの広告を外して、自分の収益となるような広告を貼りたい場合には、「月額○○円の料金を支払ってください」と言われます。

これは、無料でブログサービスが提供されているのですから、ある意味当然のことでしょう。また、カスタマイズしたい場合には有料プランにしないといけない、というパターンもあります。

無料ブログサービスを利用する際には、この辺りをしっかり調べてから、どのサービスにするのかを決めましょう。

ちなみに、数ある無料ブログの中でどれがいいかと聞かれたら、僕はいつも「はてなブログを選んでおけば間違いない」と答えています。ただし、可能ならば後述する「Wordpress」で始める方がより好ましいです。

ＣＭＳ（コンテンツ・マネジメント・システム）

ＣＭＳとは、ＷＥＢサイトのコンテンツやデザインをオンラインで保存・管理するシステムのことです。

一昔前までは、ＷＥＢサイトを作るといったら、ホームページ・ビルダーなどのソフトを使ってオフラインでサイトを作り、それをアップロードしていました。しかし、**ＣＭＳを使うと、オンライン上でサイトを作ることができます。インターネットにアクセスできればどの端末からでもサイトを更新可能です。**

また、ブログ開設までは多少手間がかかるものの、一旦ブログを立ち上げてしまえば、記事の更新は簡単に行うことができます。「何か英語がいっぱいで良くわからない……」という人もご安心ください。ようするに「今までよりも簡単に、専門知識が無い人でもインターネット上にブログを作れるシステムが出来たよ」という話です。

■ WordPressがイチオシ

ＣＭＳにもさまざまな種類がありますが、ＣＭＳを使うなら、WordPressを強くおすすめします。

WordPressは、誰でも使えるブログシステムです。WordPress自体は無料ですが、自分でレンタルサーバーを契約し、ドメインを取得する必要があります。このサーバー代とドメイン使用料で月１０００円程度かかります。

無料ブログでも収益化しようとしたら結局同じくらいの金額がかかるので、コスト的な問題はないと言えるでしょう。

■ WordPressなら記事が自分の資産になる

無料ブログよりWordPressをすすめる最大の理由は、「WordPressなら記事が自分の資産になる」ためです。

無料ブログで記事を書く場合、自分のブログ記事の運命を運営会社に握られてしまいます。

利用規約を破ると、記事が削除されることもあります。記事が消されるくらいなら、まだマシです。時には、ブログが丸ごと非表示にされてしまうことも……。

僕も実際、いきなりブログが全て表示されなくなったことがあります。知らない間に規約違反をしていたのです。もちろん知らず知らずとはいえ規約違反をした僕が悪いのですが、当時の僕は月に50万円程度のブログ収益がありました。幸い1日で元に戻してもらえたので損失は1、2万円ですみましたが、ずっと非表示のままだったらと思うと、本当に恐ろしいです。

このように、無料ブログの場合、せっかく書いた記事、その集大成であるブログが、運営会社の管理下におかれてしまいます。

その点、WordPressであれば、全ての記事を自分で管理することができます。ブログを自分の資産とすることができるのです。

■デザイン性・カスタマイズ性が高い

WordPressは、世界中で最も多く利用されているＣＭＳです。そのため、WordPress用のテンプレートやプラグイン（拡張機能）も数多く提供されています。つまり、デザイン性やカスタマイズ性が非常に高いのです。

パッと見で綺麗なブログは、だいたいWordPressで作られています。

■スキルの証明になる

WordPressでブログを立ち上げるのは、少々手間がかかります。WordPressでサイトを作れること自体が、一つのスキルです。

一昔前に比べたら、WordPressの使い勝手は格段に良くなっており、正直、そこまで設定が大変なわけではありません。しかし、世間的には「え、WordPressでサイトの立ち上げができるなんてスゴイね！」という認識です。

WordPressでサイトを立ち上げられるというのは、もはや立派なスキルです。WordPress立ち上げ代行をビジネスにしている人もいるくらいですから。

スキルアップの観点からも、ぜひ、WordPressでブログを開設し、運営してみましょう。

■まずは、WordPressにトライする

無料ブログは、基本的にパソコンに自信がない人、新しいことを覚えるのが苦手な

人に向いています。

僕は最初、何の知識もないときに、特に調べもせずになんとなく「はてなブログ」でブログを作りました。

しかしその後、WordPressにブログを移転しています。ブログ移転の際、データの引っ越しが本当に大変でした。あれこれやってみたものの、自分ではどうしようもなくなって、結局、お金を払って業者さんに委託し、ようやくWordPressへの移転が完了しました。

それ以来、新しいブログを立ち上げる際には、全てWordPressを使っています。できれば、皆さんにも、頑張ってWordPressに挑戦してほしいと思っています。

WordPressを始めようと思ったけど、どうしても無理だ……となったら、その時に初めて無料ブログを検討する。この順番をおすすめします。

何か難しそう……。という方もご安心ください。『hitodeblog』の中で、真似するだけでOKな手順を紹介しています。(https://hitodeblog.com/wordpress-start) 操作画面に変更があった際もすぐに更新されますし、どうしてもわからなければ、僕に直接質問していただいても構いません。

4 何を発信すればいい？

多くの記事を書くに従って、だんだん自分のスタイルが確立されていくものですが、ブログを開設したばかりの頃は、何をどう書けばよいのか、分からないかもしれません。

ブログの書き方について、お伝えします。

そもそも何を書けばいいの？

ブログを立ち上げたはいいけれど、そもそも何を書けばいいんだろう？　記事の題材選びに悩む人は多いと思います。大きく2つ「こういった分野で進めていくと伸びる」という基準があるので、ぜひ参考にしてみてください。

①調べなくても書けること

ブログ初心者が書くことに困ったら、まずは「調べなくても書けること」を書いていきましょう。

過去に自分がものすごくハマったこと、頑張ったことをテーマにすると、筆が進みます。

持っている知識や情報を書くこともできるし、自らの体験を書くこともできます。当時困ったこと、良かったこと、実体験が伴っているからこそ、リアルな記事になるでしょう。

また、初心者のつまずきポイントも分かります。自分が初心者だった頃を思い出せばいいのです。かつての自分に教えてあげるように書くことで、読者にとって役立つ記事になります。

しかし、馴染みのない分野をテーマに選んでしまうと、記事を書くのは一気に難航します。全てをイチから調べなければいけないのですから。

②興味のあること、新しく勉強したいこと

もし、今まで頑張ったものもハマったものも特にない場合には、「今、興味のある分野」「勉強したい分野」について書くとよいでしょう。

もちろん、今から勉強するのですから、まだその分野で実績をあげているわけではありません。それなら、成功するまでの過程も、コンテンツにしてしまえばいいのです。

どうせ勉強するのですから、勉強したことや調べたことを順次記事にしてください。復習にもなるので一石二鳥です。

誰に何を伝えたいのか？

文章を書く前に、誰に読んでほしいのかを明確にしておきましょう。

- **どんな人に伝えたいのか**
- **何を伝えたいのか**
- **どんな悩みを解決してあげたいのか**

ここが決まっていれば、書くべきことも自然に定まります。記事を書く前に、「誰に何を伝えたいのか」を書き出しておくようにしましょう。ここを曖昧にしてしまうと、書いている途中で話があっちに行ったり、こっちに行ったり。あるいは、要らないことを書きはじめてしまったり。しかも、肝心なことが入っていないといった残念な文章になってしまいかねません。

これから、たくさんの記事を書いていくことになります。その時、この「誰に何を伝えたいのか」を意識できるかどうかで、100記事後、200記事後のクオリティが全く違うものになっていきます。

実際に成果の出るブログ運営方法はこのような形になります（次頁の図解）。スペースの都合上細かい説明は省きますが、興味のある方はこちらの動画で解説しているので、ぜひご覧ください（動画名：【特化ブログの始め方】成果の出やすい方法を5ステップで解説！　https://www.youtube.com/watch?v=FbkwzXX5k_o）。

成果の出るブログの作り方5ステップ

5　SNSはしないと「損」

ブログを始めるのであれば、同時にSNSで発信をすることを強くおすすめします。アカウントは持っているけれど、ほとんど活用していない人、見るだけで発信はしていない人は凄く多いと思います。しかし、それは非常にもったいない！　ブログをやるうえでSNSは「宝の山」です。その理由を説明していきます。

一生付き合える仲間との出会い

これは本当に重要なので再度説明させてください。僕はこれこそがSNSの最大のメリットだと思っています。

交流のためのハードルが低く、気軽につながることができます。フォローするだけのゆるいつながり方もできるし、頻繁に連絡を取り合うツールとしても使えます。

ＳＮＳを通して、一生付き合えるような仲の良い友達が見つかることも少なくありません。

僕はTwitterをメインに使っていますが、ブログのコメント欄よりもずっと交流がしやすく、ブログがきっかけで知り合った人とも、Twitterでやり取りをすることが多いです。

ブログをやっている人は、ブログは情報発信に使いつつ、交流のためのツールとしてＳＮＳもどんどん使ってください。

ユーザーの生の声が聞ける

ブログやYouTubeをやっている人は、ＳＮＳも併用することで、読者や視聴者の生の声や疑問・質問を聞くことができます。

ブログに限らず、直接ユーザーに商品やサービスを提供するような副業をしている人にも、非常に有効です。

ユーザーの生の声は、本当にありがたいです。特にノウハウ系や教育系のブログ、初心者向けブログを運営している場合、ユーザーの声を聞けるかどうかで、提供する情報のクオリティが大きく変わります。

ユーザーの悩みを調べる方法としてYahoo!知恵袋がよく使われます。もちろん、Yahoo!知恵袋も優秀な調査ツールではありますが、SNSにはそれ以上にリアルな悩みが寄せられます。どちらか一方にするのではなく、Yahoo!知恵袋とSNSの両方を使ってリサーチしていきましょう。

■1人の悩みは大勢の悩み

「ここがどうすればいいか分かりません」「ここの説明が分かりにくいです」といった声を、大事にしてください。

たった1人の発言だったとしても、誰かがつまずくポイントは、他の人にとっても、やはりつまずきやすいポイントになっています。

分かりにくいと指摘された部分を、一つひとつ修正していくだけで、どんどん記事がブラッシュアップされていきます。

ＳＮＳを始めたばかりでまだユーザーから意見や質問が届かない場合には、窓口を用意しておくことをおすすめします。ブログにコメント欄や問い合わせフォームを設置したり、Twitterの DMを受け取れるようにしたり。ＬＩＮＥ公式アカウント（旧ＬＩＮＥ@）や匿名質問箱を使うのもいいと思います。

これらの窓口を、ただ置いておくだけではいけません。窓口を用意した上で「気軽に質問してくださいね」としっかりアピールすることが大切です。

窓口から寄せられたユーザーのリアルな悩みや質問を基にすれば、需要の高い記事を書くことができ、読者に喜んでもらえます。

身近な存在になることができる

ブログの場合、ユーザーとの関係は「書く人→読む人」です。どうしてもコミュニケーションが一方通行になってしまいます。

しかし、ＳＮＳの場合は、コミュニケーションが双方向。例えば、「今日のお昼は味噌ラーメン」と写真入りでツイートすると、「このラーメン、〇〇軒ですね。美味しいですよね」「そうです！　最近ハマってるんですよ」……と、やり取りできます。

こんな他愛もない会話が、大きな意味を持つのです。ちょっとした会話をすることで、ブログの中の人、パソコン画面の向こうの人だったのが、リアルな一人の人間に変化します。一方的にブログを読むだけだった関係から、心理的距離がググッと近づくわけです。

こうして身近な存在に感じてもらうと、「このブログは詳しい」から、「この人は詳しい」に認識が変わります。ブログやサイトだけでなく、個人としてのブランドさえ上がっていくのです。

すぐにアクセスしてもらえる

いわゆる「バズ」の状態までいかなくても、ある程度フォロワーがいれば、SNSでブログの更新をお知らせすることで、かなりのアクセスが流れます。

僕の場合、ブログに関するツイートをすると、すぐに100人規模でアクセスがきます。Googleにインデックスされるのも早くなるし、何よりも自分のモチベーションが上がります。投稿した瞬間に大勢の人が見に来てくれるのは、本当に励みになり、「また頑張って記事を書こう」という気持ちになるものです。

Googleのアップデートに負けない

Googleのアップデートがあるたびに、検索順位が大きく揺れ動き、ブログ運営者は右往左往してしまいます。

しかし、SNSでのフォロワーがたくさんいれば、検索順位が落ちたところで、そこまで大きな打撃を受けることはありません。

極端な話、100万人のフォロワーがいて毎日1%の人がブログを見にきてくれたら、毎日1万PVになるわけです。

実際には、SEOの流入は非常に大きいため、フォロワーによるアクセスがSEOを上回るというのはかなり難しいのですが、そこを目指す価値はあると思っています。

また、SEOを上回るところまでいかなくても、SNSは大きなリスクヘッジになります。

このように、ＳＮＳをやることはメリットだらけです。Twitter・Instagram・FacebookなどのＳＮＳは、どれも無料で利用できます。

挑戦しても失うモノが何もないので、どれか一つでも、とりあえずやってみることを強くおすすめします。

6 ＷＥＢ文章を書く際の大きな2つの前提

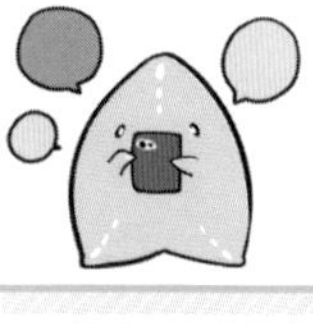

ＷＥＢには情報があふれかえっています。２０２１年現在、世界中に約18億ものＷＥＢサイトが存在しています。

これだけ多くの情報があるのですから、どれを読むのか、読み手は選び放題。つまり、完全に読み手市場になっているのです。

この前提をしっかり踏まえた上で、文章を書いていく必要があります。

そもそも読者は文章をあまり読まない

まず、「読者はあまり読んではくれない」と認識しておきましょう。

自分がＷＥＢで記事を読む時のことを思い出してください。よほど興味のあるもの以外、だいたい流し読みしていますよね。

自分のブログを一番きちんと読んでいるのは、自分です。

ＷＥＢには膨大な情報があるため、どうしても流し読みになってしまいます。これはもう仕方のないことです。本とは違い、ＷＥＢの記事はほとんどが無料で手に入るので、少しでも気に入らなければ、すぐ別の記事に移ってしまいます。

最後まで読んでほしければ、そのための工夫が必要なのです。

表示スペースは無限

また、ブログのような画面上で読まれる文章には、新聞や雑誌と違って、スペースの縛りがありません。新聞や雑誌などの場合、紙面が限られているため、情報をたくさん発信しようとすると、文字をびっしりと書き込むことになります。

しかし、ＷＥＢにはスペースの限界がないので、文字でびっしり埋める必要はありません。ＷＥＢでの文章は、この大きな2つの前提に立って書いていきましょう。

7 読みやすいWEB文章を書くための3つのコツ

大半の読者は、あなたの記事を流し読みします。まずは、この流し読みする読者に対して、どのようにすれば有益な記事を提供できるのかを考えましょう。

つまり、流し読みでも分かるように書くのです。

流し読みでも理解できるようにするための書き方のコツを、3つご紹介します。

1. さっさと結論を書く

これは非常に大事なことです。結論はさっさと書きましょう。

読者はあなたの記事を丁寧に読んではくれません。遠回しに書いてしまうと、すぐに「戻る」ボタンを押して、もっと分かりやすい記事を探しにいきます。どれだけ記事を読んでも無料なのですから。

結論を先延ばしにするのは、基本的にNGです。

先に結論を書いてしまうと、最後まで読まずに離脱されてしまうんじゃないか……と不安になるかもしれません。

でも、大丈夫です。

結論が分かると、今度はその根拠が知りたくなるものです。例えば、「ツイートする際はカタカナを全文字数の1割以下にするとフォロワーが増える」と言われたら、「どうして？」とその理由が知りたくなりますよね。もちろん、これは根拠のない情報ですが、正しい情報であったとしても、結論を聞いただけで納得できることはなかなかありません。

結論を知れば、その根拠も知りたくなるのが人のサガです。結論が読まれたら、その先も読んでもらえるので、安心してください。

もし、結論さえ分かればいいようなテーマなら、別にそこで離脱してもいいと思います。その記事が役に立ったことに変わりはないのですから。

2. パッと見を整える

文字で埋め尽くされた状態に拒否反応を示す読者は、多くいます。

文章の中身が同じでも、見た目を整えるだけで、随分読みやすくなるものです。

■ 改行を多めに取る

改行を多めに取るだけでも、ずっと読みやすくなります。

WEBは記事の掲載スペースが限られていないので、改行が多くても不都合は生じません。

近年、特にスマホでのアクセスが増えているため、適切に改行を入れることがとても重要です。スマホは画面の横幅が狭く、すぐに文字で埋まってしまいます。パソコンなら1行で表示される文章が、スマホだと3行になるということが起こるのです。

スマホでの表示を考えたら、1文ごとに改行するくらいでちょうどいいと思います。

■ 写真やイラスト、枠や吹き出しなどを効果的に使う

読みやすい見た目にするために、テキスト以外の要素を効果的に使いましょう。写真やイラスト、図解のような画像を入れたり、枠や吹き出しなどを使ったり。テキストだらけにならないよう、工夫しましょう。

何度も言いますが、WEBの文章はスペースの制限がないため、イラストを入れようが、吹き出しを使おうが、全く問題ありません。

僕のブログでは、**一画面に文字だけが表示されることのないように、心がけています。スマホで記事を見ているとき、画面のどこかに必ず見出しや画像などを入れ、視覚的な変化をつけるわけです。**パッと見たときに画面全部が文字で埋め尽くされる状態にならないようにしています。

3. 重要な部分で目がとまるようにする

記事を読みやすくするためには、重要な部分で自然と目がとまるような工夫が必要です。

■どこに何が書いてあるのかを明確にする

記事のどこに何が書いてあるのかを明確にするために、目次を必ず用意しましょう。たまに、読んでも何が書いてあるのか分からないような目次を見かけますが、これは良くありません。

中には「最短で稼ぎたければ、必要なのは○○」のように、伏字を使った見出しも散見されますが、これはやめておきましょう。自分が読者だったら、この見出しを見てどう思いますか？　ちょっと想像すれば分かりますよね。

ケチケチせずに、はっきり答えを書きましょう。

先ほども伝えましたが、結論を書いたからといって、その先が読まれないことにはなりません。安心して、結論を書いてください。

■重要な部分をアピールする

また、重要な部分については「ここは重要ですよ」としっかりアピールしましょう。太字にしたり、箇条書きにしたり、枠で囲ったり。視覚的に「あ、ここは大事なんだな」と読者に訴えるのです。

何度も言いますが、読者は隅々まで丁寧に記事を読んではくれません。目立たせておかないと、すぐに見逃してしまいます。

もし、長文でなければ説明できないような場合には、説明する際に、ポイントを箇条書きでまとめておくことで、だいぶ読みやすくなります。

読みやすい文章にするというのは、つまり、読者に寄り添うということです。読者は大量の情報の中から、自分に必要なものを選び取らなければなりません。読み進めやすい書き方をすること、重要な部分を際立たせることで、読者は素早くきちんと情報を受け取ることができるようになります。

普段、自分がWEBの文章を読むときに、どのようにして読んでいるのか、注意してみてください。そこに、読みやすいWEB文章を書くときのヒントがあるはずです。

8 ネタが切れない、書くための極意

「書くことがありません」

これは、僕が今までに何度も受けてきた相談です。気持ちは分かります。僕も以前は、何を書いたらいいのか分からず、途方に暮れていたことがありますから。

でも、今はネタ切れとは無縁になりました。ブログを開設してから、6年間で1200記事以上書いてきました。この経験を通して、枯渇しないネタの探し方を掴んだからです。

インプットを増やす

記事のネタを増やしたいなら、とにかくインプットを増やすことです。

書くことがないというのは、自分の中から出せるものがなくなったということ。それなら、補えばいいのです。単純な発想ではありますが、これが本当に効果的なので、ぜひ皆さんもやってみてください。

中でもおすすめのインプット方法を、2つご紹介します。

1．扱っているテーマに関する本を10冊読む

自分が情報発信しているテーマについての本を読みましょう。それも、1冊や2冊ではなく、10冊くらい一気にまとめて読むことをおすすめします。

本を読むことで知識が深まり、ネタも増えます。10冊読むことで、どの本にも共通して書いてある部分は何かが分かり、その分野の「コア」を把握できます。

逆に、本によって解釈が分かれる部分も掴めるため、さまざまな切り口から記事を

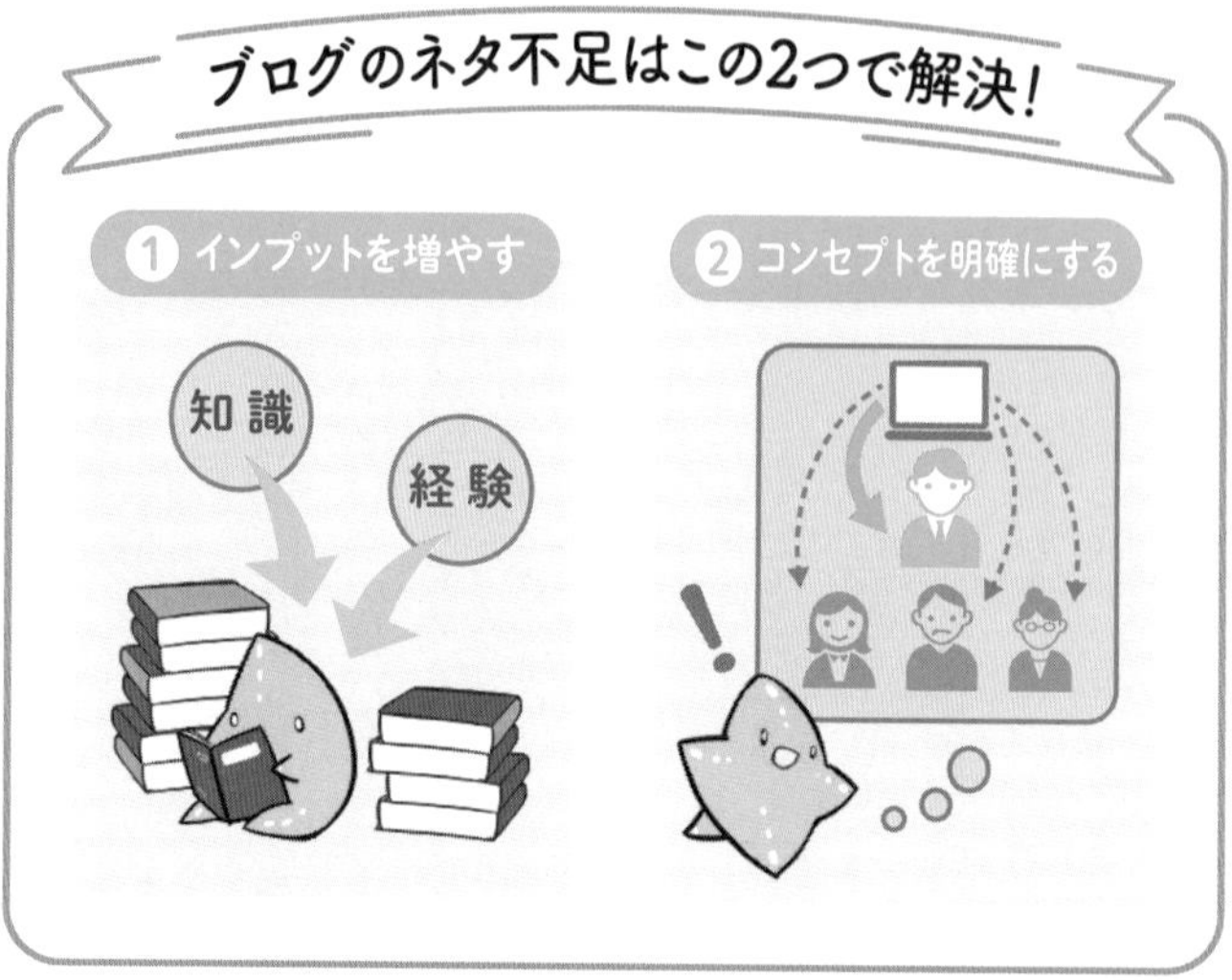
ブログのネタ不足はこの2つで解決！
1 インプットを増やす
知識
経験
2 コンセプトを明確にする

書くことができるでしょう。

さらに、本を読んだこと自体が記事のネタになります。

10冊読んだ中で「これは良かった」と思える本があったら、そのレビューを書きましょう。また、おすすめ本ランキングのような記事も書くことができます。「○○な人にはこの本がおすすめ」という記事だって書けるかもしれません。さらには、10冊読んだからこそ分かった重要な部分だけを紹介するというのも、読者の役に立つでしょう。

2. 扱っているテーマに関する資格の勉強をする

もし、扱っているテーマに関する資格があるなら、ぜひ、その勉強をしてください。資格のための教材は、体系的に学べるように作られています。教材を使って学習することで、それまでは感覚的に理解していたことについても、言語化できるようになるでしょう。

また、それがどのような資格なのか、どんな勉強法がよいのかなど、勉強の過程すら記事のネタになります。

さらには、実際に資格を取ることができれば、権威性も獲得できます。資格保有者とそうでない人とでは、記事の説得力が違います。

「資格の勉強をしてみるといいよ」と、これまで100人以上の人に言ってきました。しかし、実際に勉強を始めたのは、たった1人です。皆さん、全くやりません。しかし、だからこそ、大きな差別化につながります。

最近買って良かった物を考えてみる

最近買った中で、「これは買って大正解だった！」と心から思えた物について、記事を書きましょう。

ブログのテーマと関連する商品であれば、とてもよい記事になりますし、関連のない商品であったとしても、キャラクターが伝わります。

買って良かった商品ネタは、買い手の価値観も伝わるし、使ってみた人のリアルな声を伝えることができるし、テッパンとも言えるコンテンツです。

類似商品と比較検討してから買った場合には、どこで悩んだのか、何が決め手だったのか、購入に至るまでの検討の過程についても書くと、読者に喜ばれます。

商品のレビューだけでなく、比較やランキングなど、複数の記事が書けると思います。

あらゆることを「記事のネタになるか？」という視点で見る

ネタ切れしないための最大のコツは、これです。

あらゆることを「記事のネタになるかな？」という視点で見る。

情報発信するなら、これを習慣にしてください。

ネットでよく見る記事、バズったツイート、話題のニュース、何かを目にするたびに、「自分だったらどうするだろう」と考えましょう。

また、日常での会話や、ちょっとした悩みなど、「これ、ネタになるんじゃないかな」という目で見ることで、新たな発見があるものです。

もちろん、実際に記事にすることは少ないかもしれませんが、常にこのように考える癖をつけておくことが、とても重要です。

この習慣を身につけておくと、半年後、1年後、大きな力を発揮します。日常生活が、ネタだらけであることに気づくのです。

いつでも「ネタを意識する気持ち」を持っておきましょう。

9 Twitterフォロワーの「正しい」増やし方

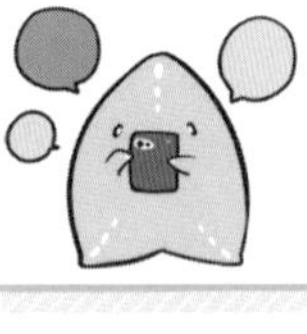

2021年2月現在、僕のTwitterフォロワー数は10万人になりました（ありがとうございます！）。

もちろん、上には上がいるわけですが、何も持ってなかった凡人の自分が、今や10万人もの方にフォローされている、というのは本当にありがたいことです。

そこでこの項目では、多くの人にフォローして頂くために「本当に重要な事」をお伝えしたいと思います。

前提として、今に始まったことではありませんがフォロワーを増やすテクニックのようなものが、いろいろ出回っています。

「インフルエンサーのツイートを褒めて、いいねをもらおう。あわよくばリツイートしてもらって、認知を高めよう」

「箇条書きで画面の占有率をあげよう」

「8時の通勤時間と、20時のリラックスタイムが狙い目」

「ヘッダーにインパクトを」

「特定のハッシュタグをつけて呟く」などなど……。

正直、これらはまったく本質的ではありません。もちろん多少フォロワー数を増やす事は出来ますし、効果が0とまでは言いませんが、これは既に「何者か」になっている人が考えるべきことです。凡人が行っても意味がありません。

フォロワーを増やすことを目的にしてはいけない

「フォロワーを増やすにはどうすればいいですか?」とよく聞かれます。

もし、フォロワーを増やすこと自体が目的なら、お金で買えばいいでしょう。実はフォロワーって、買うことができます。「フォロワー購入」などのキーワードでネット検索してみてください。「あなたのアカウントにフォロワー増やします」といった怪しげなサービスがたくさん見つかると思います（とはいえ、フォロワーの購入は

Twitterの規約違反ですが……)。

規約内で行うなら、相互フォローのためのアカウントがたくさんあるので、それを使うと規約違反にならずにフォロワーが簡単に増やせます。

でも……違いますよね。別に、そんな「数字としてのフォロワー」を増やしたいわけではないと思います。

フォロワーを増やすことは、目的ではなく、手段だったはず。

「自分のサイトを広めたい」「このサービスを知ってほしい」あるいは「自分自身に興味を持ってほしい」といった目的があり、そのための手段としてフォロワーを増やしたいと思ったはずです。

その場合、フォロワーを数字で捉えてはいけません。そこを勘違いしている人が、随分多いように感じます。

数字ではなく、生きたフォロワー、自分に興味をもってくれるフォロワーが欲しいのなら、小手先のテクニックに頼っても、意味がありません。

実績を作ろう

身も蓋もないことを言うようですが、フォロワーを増やしたいなら、まず必要なのは実績です。実績がなければ何も始まりません。

もちろん、「何時にツイートすると効果的」といった発信方法のテクニックも、ある程度は大切です。テクニックを使ってうまく伝えていくことで広がる部分はありますが、それ以上に大事なのは、「何を発信するのか」というところです。

発信する内容がまず大事。そして、その発信した情報に説得力を持たせるためには、実績が必要になります。どんなにいいことを言っていても、実績がなければ名言bot*と変わりません（＊名言を自動的にツイートするロボット）。

僕のフォロワーが増えたのは、実績を積んできたからです。僕は、ブログで稼ぐようになり、独立しました。これは、以前の僕のように「会社辞めたい」と思っている人からすると、大きな実績に見えるでしょう。

また僕は、4年以上継続して、ブログで月100万円以上の収益をあげています。

実績といってても別に稼いだ金額でなくてもいいのですが、いくら稼いだか、サイトのPVはどのくらいか、何万人に利用されたサービスか、このように数値で表せる成果は、分かりやすい実績になります。

もちろん、数値化できなくても「みんなが知っているあの有名なWEBサイト、俺が作ったんだぜ」とか、「お笑い芸人としてテレビ出てたんだよ」といったことも、立派な実績です。

実績ができるまでの過程をツイートする

その実績を作り上げるまで行動、方法、ヒントや考え方などを伝えることも重要です。

僕の場合は、ブログの始め方やブログ運営のポイントなどを、Twitterで解説しています。ブログのアクセスアップやブログの収益化といった、有料で販売してもいいくらいのノウハウも、どんどん出しています。

ブログノウハウといった価値の高い情報だけでなく、会社を辞めた後のリアルな話についても伝えてきました。ノウハウではありませんが、独立を考えている人の役に立つかもしれないと思ったからです。

このような発信を続けていくうちに、ブログを始めようと思っている人が、どんどんフォローしてくれるようになりました。

すぐに作れる実績に価値はない

フォロワーを増やしたければ、まずは実績を積むことが大切ですが、そのことを言うと、「それができれば苦労しないよ」という反論を受けることがあります。

もちろんそれは、おっしゃる通りです。

でも、考えてみてください。もし、簡単に実績ができるとしたら、そんな実績に価値があると思いますか？　1日や2日で作れる実績を持つ人を、あなたはフォローしたいと思うでしょうか？

残念ながら、すぐに作れる実績に価値なんてありません。

実績を作るのは大変なことです。だからこそ、そこに価値が生まれるのです。

インフルエンサーと呼ばれる人たちも、それまでに、何かしらを頑張り続けた結果、実績ができ、多くの人からフォローされるようになりました。実績を作る努力をしてきたからこそ、大きな影響力をもつインフルエンサーになれたのです。

フォロワーを増やしたい！　と思っている人には「簡単にまねできるテクニック」が人気です。だって、すごく楽ですから。「箇条書きにしよう」「この時間にツイートしよう」「このハッシュタグをつけよう」これらには何の努力もいりません。でも僕が、小難しくて面倒な「実績を作ろう！」という話を重ね重ねするのは、何年も運営してきて理解した「本質的な部分」だからです。

実績がないことには、どんなテクニックも無駄になってしまいます。テクニックは、実績を積んでこそ、活きるものです。

初めは小さなことからで構いません。まずは実績を作るために、頑張っていきましょう。

Twitterのフォロワーを増やすにはまず実績をつくる
毎朝おはよう戦隊！
おはよー！
インフルエンサーに絡んでインプレッションUP!
リプライ
インフルエンサー
改行で画面占有率を上げよう
これらはフォロワーを増やす「本質的な方法」ではない！
ツイッターのフォロワー増
実績が必要！
1 実績を作る
2 実績に至ったヒントや考えを発信
実績
発信
+
実績

10 何の強みもない人が実績を作る方法

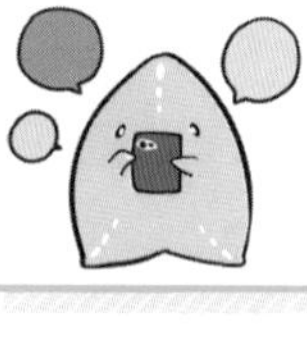

ここまで散々「実績が大事！」という話をしてきましたが、「そんなこと言われても何したらいいの……」と困ってしまう人も多いと思います。

「これなら誰にも負けない！」「この分野なら自分はすごく優れてる！」「過去にこんな賞をとったことがある！」といった分野があるならそこまで難しい話ではないのですが、実際のところ僕たち凡人にはそんなものはないでしょう（もちろん僕自身、ブログを始める6年前に何か一つでもそういった実績があったかというと、一切ありませんでした）。

でも大丈夫です。**今何の強みもないあなたでも、「実績」を作ることは可能です。しかも才能は不要です。**その方法をここではお伝えします。

まずは「超小さな実績」から

実績をつくるなんて、自分には無理だ……、そう思うかもしれません。しかしそれは、実績を凄いものとして捉え過ぎています。「〜の分野のプロ！」「〜の分野のインフルエンサー！」そこまで大きな実績はいりません。そんな大きな実績をいきなり作ることは不可能です。でも、小さな小さな実績なら、誰だって作れます。

例えば「ギターで1曲弾ける」。はい、実績です。「卵焼きが作れる」実績です。「副業で100円稼いだ」もちろん実績です。「1年で20万円貯金した」素晴らしい実績です。

このレベルの実績だったら、すでに持ってる方も多いのではないでしょうか？　最初から、誰もが「すげー！」と思う実績を作るのは不可能です。でも「何も知らない初心者から見ると凄い実績」は作れるはずです。ギターで1曲弾けることは、ギターをこれから始める人からしたら凄いです。卵焼きが作れることは、これから料理を学びたい人からすれば凄いです。これが実績作りの第一歩なんです。

凡人は数で攻めよう

「なるほど！　つまり俺はギターで初心者向けの曲を1曲弾けるって実績があるからオッケーなんだね！」という方、少し待ってください。ギターで初心者向けの曲を1曲弾けるだけでは実績として弱いです。当たり前ですよね。

「いやいや、お前がそれでいいって言ったんだろ！」と言われてしまいそうですが、残念ながら当然それだけでは戦えません。

でも、例えばそれが1000曲あったらどうでしょうか？

そう、ここに凡人の勝ち筋があります。簡単な料理のレシピが1000個作れたら？　地域のランチ情報を1000件知っていたら？　10円稼ぐ方法を1000パターン知っていたら？　特定ジャンルの本を1000冊読んでいたら？　そういう人の話なら、聞いてみたいと思いませんか？

自分がランチを食べようと思ったとき、この地域の店を1000軒食べ歩いた人がおすすめ1位にしていたランチ、食べてみたいですよね。

自分がとある分野を勉強しようと思ったとき、その分野の本を1000冊読んだ人が「これが一番良かった！」と言っていた本、読んでみたいですよね。「数を増やす」これは分かりやすく実績になります。そして、この方法には才能はいりません。だって、あなたは一つ目の「小さな実績」を作れたんだから。あとは、それを繰り返すだけ。やるか、やらないか、ただそれだけの話です。

数で攻める際の注意点

数で攻める戦略は、凡人である自分たちに残された活路です。ただし注意点として、すでに数で攻めているライバルがいるところに参入しても勝てません。例えば「よーし、料理のレシピを1000個作ろう！」と思っても、クックパッドには個人では絶対に敵いません。そんな時はどうするかというと、「ズラして」ライバルのいない分野で戦います。例えば料理のレシピなら

「4人家族が1食1000円以下で食べられるレシピに限定して1000個作る」

「糖質制限した上で、栄養バランスの取れるレシピのみを1000個作る」

「セブンイレブンで買える食材のみで1000個作る」等々、ズラし方のパターンはいくらでもあります。

そして、その「1000件の過程」こそが、あなたの発信内容になり、1000個成し遂げた時にあなたは「○○の人」という「実績」を手に入れているでしょう。

凡人は地道に積み上げるしかない

小さな実績をどんどん積み上げて、その過程を発信し続ける。その先に、あなたの求める「実績のある人」が誕生します。これは非常に地道な作業です。一発逆転もショートカットもありません。ただただ、積み上げるだけ。

しかし、あなたの思い浮かべる「凄い実績を持っている人」は、これを愚直に積み上げてきた人たちです。そして、その人たちは今も積み上げ続けています。

プロのギタリストにだって、ギターで一曲も弾けない時はありました。世界的なシェフにだって、卵焼きすら上手に焼けない時はありました。ごく一部の天才は、そんなステップをすっ飛ばしているかもしれません。けれども残念ながら、皆さんは僕と同じで、天才ではないはずです。

それなら、今からでも「小さな実績」を積み上げましょう。突然「大きな実績」が目の前に現れることは絶対にありません。どんな凄い人だって「小さな実績」を一つひとつ積み上げて、今の大きさにしたのです。その事実から目を背けて「あいつはいいよな」なんて言っていても、現実は何も変わりません。

小さな実績で、凡人が革命をおこすための第一歩を、今踏み出しましょう。

もしもこの本を読んで「情報発信、特にブログにチャレンジしてみようかな……」と思ったのであれば、それは僕の得意分野です。ぜひ頼ってください。ブログの運営方法、収益化のための具体的な手引きをブログやYouTubeで発信しています。

(hitodeblog : https://hitodeblog.com/)

(ヒトデせいやチャンネル : https://www.youtube.com/channel/UCQAJlnmzIQGhDmjiSx8FH4Q)

もちろん、全て無料です。Twitter (@hitodeblog) で質問して頂いても構いません。

ぜひ、小さな革命の一つとして、発信を始めてみてください。全力で応援します。

おわりに

「今よりもっと自由に生きたい」

会社員時代に、何度も何度も思ったことでした。そして同時に、諦めていたことでもありました。「毎日が楽しくて、面倒なしがらみもなくて、気分よく働いて、尊敬できる友人や仲間がいる」そんな毎日を送るのは、天才たちだけの特権だと思っていたからです。何か特別な能力が、何か特別な経験が、何か特別な出会いが、何か特別な環境があってこそ、得られるものだと、本気でそう思っていたからです。

でも、実際はそうではありませんでした。ずっと凡人だった僕が、今はスキルを身に着け、仲間に囲まれ、しっかり稼いで、毎日を楽しく過ごしています。これは、ある日突然そうなったわけではありません。生活を見直し、副業を始めて、お金について学び、そして情報発信を何年も続けてきた結果が今です。

ここで改めて、僕のスタートラインを見てみてください。

- **学歴なし(Fラン大学)**
- **スポーツ全然ダメ(大会の勝率0%)**

- **仕事もミスだらけ**
- **何かに没頭して成果を出した経験なし**
- **周りに起業した人や大金持ちの知り合いなし(人脈ゼロ)**

もちろん、これよりもひどい状況の方もいると思いますし、人によっては「こんなのまだ恵まれてる方だ!」と思うかもしれません。それでも、特別優れた人間ではなかったことは分かって頂けると思います。

この本で書いたのは、そんな自分が一切の誇張なしで、平凡なりに成功を掴むまでに考えてきたことです。どれか一枚のページでもあなたの目に留まり、そして実際に行動が変わっていくのであれば、それほど嬉しいことはありません。

どんなに小さなことでも、行動が変われば人生も変わっていきます。**あなたが凡人だとしても、必ず変わります。**

一人でも多くの方が本書をきっかけに、自分の人生に小さな革命を起こすことを願っています。

そんな感じ! おわりっ

2021年2月 ヒトデ

ヒトデ
1991年愛知県生まれ。株式会社HFの代表取締役。
会社に行きたく無さ過ぎて辛い日々を送っていたが、趣味で始めたブログがきっかけで会社を辞めてフリーランスになる。その後法人化。完全初心者のためのブログの始め方講座「hitodeblog」をはじめ、複数のサイトを運営し、全てのサイトを合計した最高の収益は月1000万円以上。2019年にはコワーキングスペース『ABCスペース』をオープン。同時にブログ初心者のためのオンラインサービス『ABCオンライン』をスタート。全くの初心者がブログで収益を得られるようになるまでをサポートしている。2020年2月に開設したYouTube「ヒトデせいやチャンネル」のチャンネル登録者数は8万人超え。Twitter(@hitodeblog)のフォロワーは10万人以上。

嫌《いや》なことから全部《ぜんぶ》抜《ぬ》け出《だ》せる
凡人《ぼんじん》くんの人生革命《じんせいかくめい》

2021年３月17日　初版発行

著者／ヒトデ

発行者／青柳　昌行

発行／株式会社KADOKAWA
〒102-8177　東京都千代田区富士見2-13-3
電話　0570-002-301(ナビダイヤル)

印刷所／大日本印刷株式会社

●お問い合わせ
https://www.kadokawa.co.jp/（「お問い合わせ」へお進みください）
※内容によっては、お答えできない場合があります。
※サポートは日本国内のみとさせていただきます。
※Japanese text only

定価はカバーに表示してあります。

ISBN 978-4-04-896944-4　C0030